40代で必ずやっておくべき10のこと

『THE21』編集部 編

PHP

はじめに――後悔しない40代のために

「40代が人生のターニングポイントだった」

名経営者と呼ばれる人々や、各界のプロとして活躍する人たちを取材する中で、何度も聞いた言葉です。

十分な知識や経験を蓄え、体力や気力もまだ十分。40代こそ人生のゴールデンエイジだと言う人もいます。

ただ、それはあくまで理想論。現実には、多くの40代が「忙しすぎる」「先が見えない」という悩みを持っているのではないでしょうか。

40代は厳しい時代でもあります。マネジメントに加えて現場の仕事も多く、なかなか自分の時間が取れない。また、家庭において最も時間とお金のかかる時期でもあります。目の前のことに追われているうちに、気づいたら50代……ということにもなりかねません。

「40代のうちに一歩立ち止まり、将来のことを考え、仕事のやり方を変えてみる」

それが、多くの成功者たちの話を聞いてきた、我々が提案したいことです。

人生100年時代、定年は70歳の時代がやってきます。20代、30代の仕事のやり方のまま、70歳まで走り続けることができるのか。多くの人が「それは無理だ」と思うのではないでしょうか。

ならば、ここで今までの仕事のやり方を見直してみる必要があるはず。

ひょっとするとそれは、一時的には停滞と映るかもしれません。でも、その停滞がその後10年、20年の仕事の充実につながるのであれば、それは停滞ではなく「助走期間」となります。

ぜひ本書が、今までの仕事のやり方を見直してみる、キャリアを見直してみるきっかけとなればと思います。

本書のベースとなっているのは、『THE21』2016年3月号および2018年1月号の「40代」特集です。本企画は非常に売れ行き好調で、特に前者は多くの書店で完売するなど、大反響を得ました。

その中でも、特に読者の人気の高かった記事を再編集のうえ掲載していきます。後悔しない40代を送るため、ぜひ、活用していただければと思います。

『THE21』編集部

はじめに――後悔しない40代のために――1

第1部 経営者たちの「40代」――何をして、何をしなかったのか

出口治明――自分の間違いを指摘してくれる「人の鏡」を求めよう――20
立命館アジア太平洋大学（APU）学長／ライフネット生命保険㈱創業者

出井伸之――得意分野に安住せず、「リポジション」で新たなことに挑戦を――32
元ソニー㈱社長／クオンタムリープ㈱代表取締役ファウンダー＆CEO

鈴木　喬――40歳を超えたら、「怖がられる存在」になることも重要だ――46
エステー㈱代表執行役会長（CEO）

Contents

坂本　孝——考えすぎずに「やる」と決めれば、40代からの挑戦も遅くはない——60
俺の㈱取締役会長／ブックオフコーポレーション創業者

◆【私のターニング・ポイント——45歳】
松本　晃——大きな実績を上げれば、社内で評価されなくても、世の中が評価してくれる——71
ラディクールジャパン㈱代表取締役会長CEO

第2部　40代からの「飛躍」の理由——人生が好転したきっかけとは

佐々木かをり——辛い時期でもある40代。だからこそ心身両面をマネジメントする力を——82
㈱イー・ウーマン代表取締役社長

文野直樹――仕事一辺倒を卒業し、仕事以外にも情熱をぶつけよう――94
イートアンド㈱代表取締役会長
内永ゆか子――本質を捉えれば、どんな仕事でも成果を出せる――106
元日本IBM専務／NPO法人J-Win理事長
大久保佳代子――40代ブレイクの要因は「下手なプライド」を捨てること――118
オアシズ
草野　仁――「自分ならこうする」と主張する力で、キャリアを拓いていこう――130
TVキャスター
◆【私のターニング・ポイント――45歳】
木村　清――人をうらまず、腐ることなく、今できることをしよう――143
㈱喜代村代表取締役社長

Contents

第3部 人生100年時代を生き抜く「40代からのキャリア論」

楠木 新
人生後半に向けて、45歳で「モードチェンジ」しよう――152
神戸松蔭女子学院大学教授

柳川範之
40代からのバーチャル・カンパニー設立のススメ――162
東京大学大学院経済学研究科教授

橘・フクシマ・咲江
「数字を読む力」と「全体を読む力」で広い視野を手にしよう――174
G&S Global Advisors Inc. 代表取締役社長

柴田励司
優れたリーダーになる条件は「仕事を手放す」こと――186
㈱Indigo Blue代表取締役会長

◆【私のターニング・ポイント――42歳】
田原総一朗 ジャーナリスト
〝知りたい〟欲求はすべての原動力　好奇心を持って考え続けよう――199

◆【分析編】
豊田義博 リクルートワークス研究所特任研究員
40代が「くすぶり感」を抱え続ける理由とは？――206

第4部 40代からは「この能力」を磨こう
――スキル、趣味、健康……

能力開発
藤原和博 教育改革実践家
「三つの軸」を作れば、100万人に一人の人材になれる――212

Contents

読書　小宮一慶　リーダーを目指すなら「座右の書」を見つけ、じっくり読む習慣を——222
経営コンサルタント／㈱小宮コンサルタンツ代表

趣味　成毛眞　人生を後悔したくなかったら、忙しい40代こそ遊びなさい——230
HONZ代表

転職　山崎元　45歳からは、セカンドキャリアとしての転職を考えよう——238
経済評論家

健康　小林弘幸　10年後、病気にならないため今すぐ習慣を見直そう——247
順天堂大学医学部教授

あなたにとって
「40代」とは?

「チャレンジできる
最後の時期」

「変革の時代」

「肉体的な衰えを感じやすく、
ストレスがたまりやすい時代」

「人生を見直す時期」

「定年後に向けて
わくわくする時期」

「楽しむ時代」

「50代でやりたいことを
見据えての逆算の時代」

「一番、伸びしろのある世代」

「有惑」迷いが無くなる年代でなく、
迷うことが多くなる年代。

「変えることも変えないことも
可能な年代」

「板挟みの時代」

「それまで培ってきた
土台を生かし自分を
伸ばす時期」

**「人生後半戦の
ための準備時期」**

**「やることなすこと
何でもできる時代」**

「第二の青春期」

「自分の個性を
活かし、人を
輝かせることのできる時代」

「キャリア選択における
ラストチャンス」

「疾風怒濤の時代」

「自己管理し、下り坂に
ならないよう
キープする時期」

50代以上の人が後悔していることは？

前ページのコメントは、ビジネスパーソンに「あなたにとっての40代とは」を聞いたもの。不安や焦り、忙しさなどを示すコメントもあったが、多くの人がこの時期を「変化すべき時期」だと捉えていることがわかる。

中でも「若さが利く最終段階」などと、人生におけるラストチャンスと捉える人も多かった。人生１００年時代、40代がラストチャンスとは言い切れないが、若ければ若いほどチャンスが大きいことは確かだろう。

次ページのグラフは、今、50代以上のビジネスパーソンに、40代を振り返り「これをしておけばよかった」と後悔していることを聞いたものだ。逆に言えば、それをしておけば、後悔しない40代を過ごせることになるわけだ。

仕事について聞いたＱ１では、最も多い答えが「資格取得」であり、「人脈作

Q1 仕事で「40代でやっておけばよかった」と思うことは、何ですか（いくつでも）

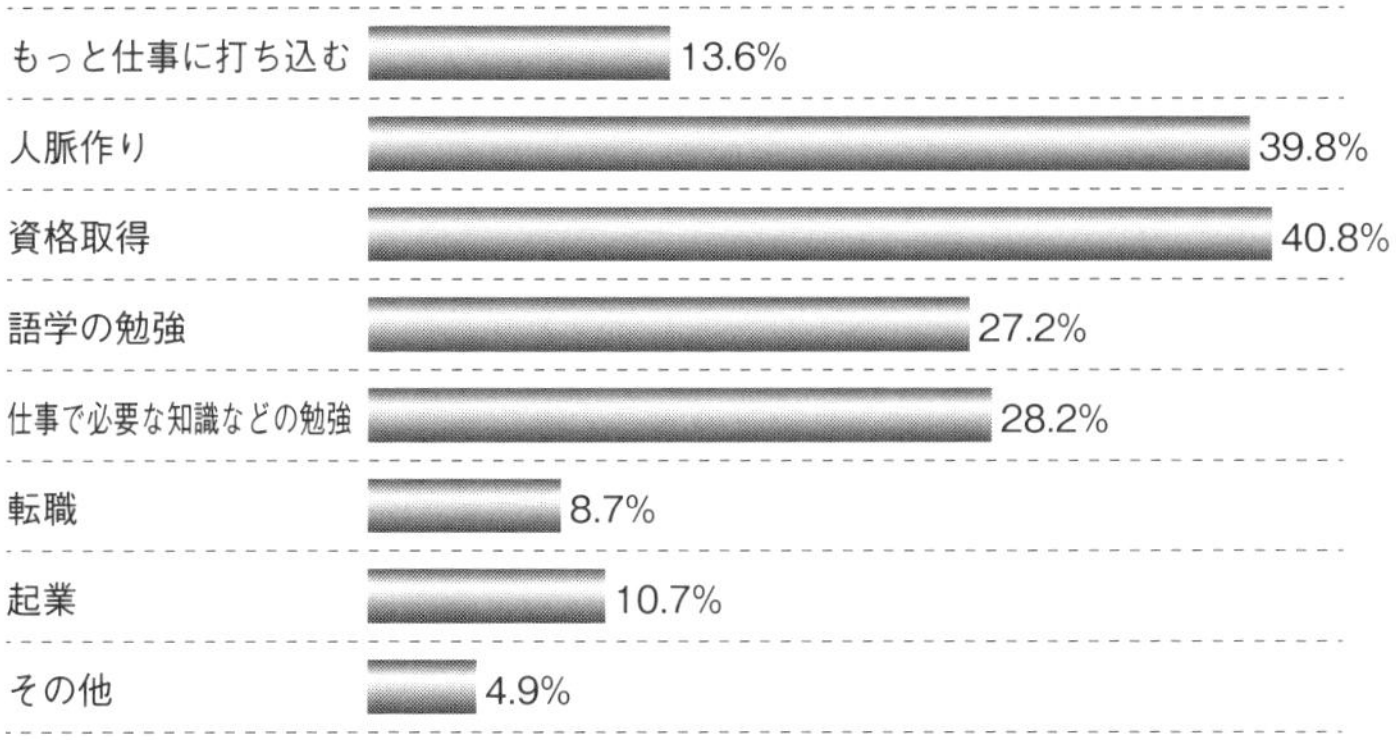

Q2 仕事以外で「40代でやっておけばよかった」と思うことはなんですか（いくつでも）

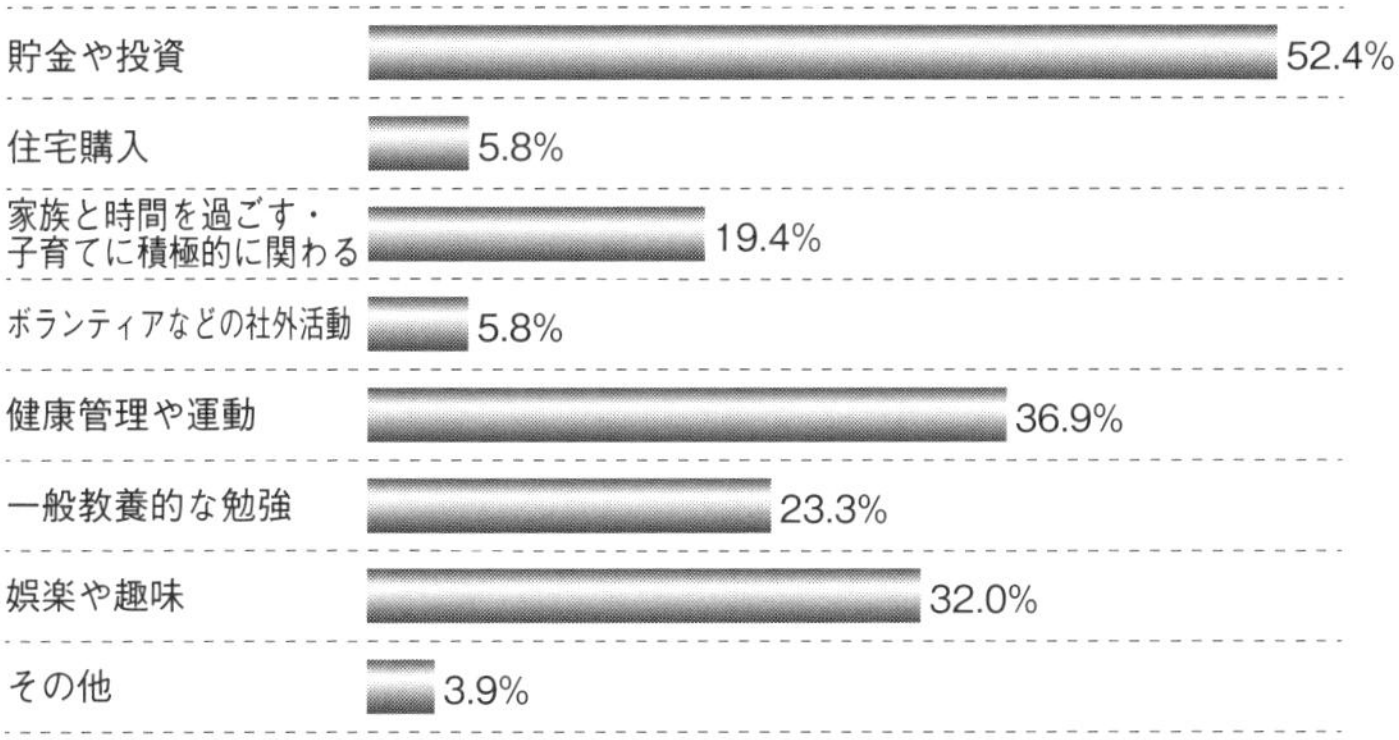

り」が僅差で続くという結果となった。どちらも、定年後、あるいは早期退職後の第二の仕事や人生を見据えた答えといえるだろう。

「もっと仕事に打ち込む」が意外と少ないが、これは仕事だけに打ち込んできた人が多く、そのことに対して「他のこともやっておけばよかった」と後悔している人が多いことの表われかもしれない。


「仕事以外」について聞いたＱ２では、「貯金や投資」が過半数を占めた。定年後の暮らしや年金不安に対する関心が表われている。逆に言えば、40代でお金についての対策をしなかった人が多いということでもあるだろう。

特に投資については、早めにスタートしたほうがより有利となる。同じく後悔の度合いが高い「健康管理や運動」と合わせ、時間を見つけて早め早めの対策をすべきだろう。

また一方で、「趣味や娯楽」が多いのは、定年後の時間の使い方を考えてのこと

Q3 今から振り返って、仕事について40代で最も重要な能力はなんだったと思いますか

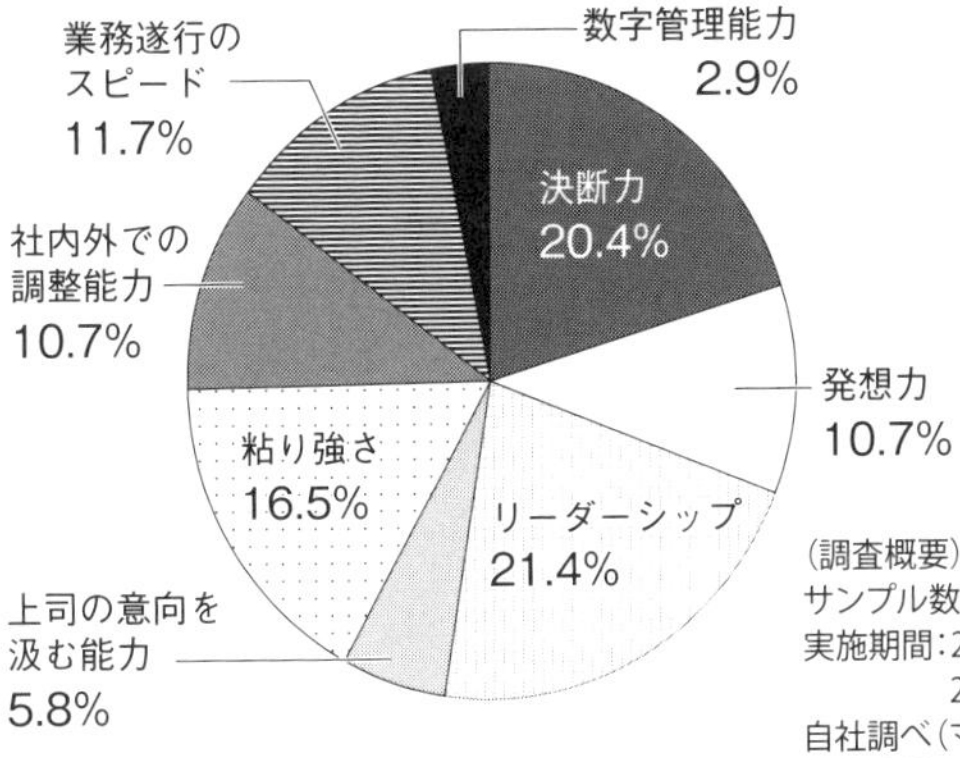

（調査概要）
サンプル数：130
実施期間：2016年1月14〜15日、
2019年8月1日〜10日
自社調べ（マクロミルモニタ使用）
調査方法：インターネット利用

かもしれない。ただ、趣味は現在の仕事にも生きると説く方も多い。

Ｑ３は40代で必要なビジネススキルについて聞いたもので、答えは全体的にばらついたが、やはり「決断力」「リーダーシップ」といった項目の比率が高い。

意外と多かったのが「粘り強さ」。すぐに結果を求めず、継続することが重要だということだろう。

これらの答えから共通して言えることは「仕事以外に注力する時間を

増やす必要がある」ということだろう。その時間で新しいことに挑戦する、勉強する、あるいは投資や趣味に時間を使う……。もし今、仕事だけで時間がほとんど埋まってしまっている人は、仕事の効率化により時間を捻出する必要があるだろう。

これらの数字を見て、納得できた人も、そうでない人もいるかと思う。もとより「こうすれば絶対に成功する」などという法則など存在しない。だからこそ、より多くの人の「40代」を聞くことが重要ではないだろうか。

ここからは、著名人へのインタビューを中心に「40代で必ずやっておくべきこと」を探っていくことにしたい。

第1部

経営者たちの「40代」
——何をして、何をしなかったのか

自分の間違いを指摘してくれる「人の鏡」を求めよう

60代で74年ぶりの独立系生命保険会社を開業し成功させた起業家・名経営者として、また、稀代の読書家としても知られる出口治明氏。その「マネジメントと教養の原点」は40代での経験にあったという。失敗と挫折を繰り返しながら出口氏が得たものとはなんだったのか。そして、40代がなるべく残業を減らして今すぐすべきこととは何か。お話をうかがった。

Haruaki Deguchi

出口治明

立命館アジア太平洋大学（APU）学長／ライフネット生命保険㈱創業者

「アホですね」と言ってくれた部下へ感謝

普通なら引退を考える年齢になってベンチャー企業を興し、生命保険業界に新風を送り込んだ出口氏。さらに、古希を迎えた2018年からは立命館アジア太平洋大学（APU）学長として新たなチャレンジに挑んでいる。こうした精力的な活動を可能にしているのが、常に人から学び続ける姿勢だ。しかし、40代にもなると、自分の欠点を指摘してくれる人は少なくなる。出口氏も40代直前で初めて課長職についた後、そのことを痛感したという。

「当時僕は、いわゆるマイクロマネジメントをやっていて、部下への指示や確認事項を細かくリストアップした大きな紙をデスクに置いていました。ところが、ある日、外出先から戻ったら、なんと部下の一人がそのメモに消しゴムをかけていたのです。僕は当然、怒りましたが、その部下は『実は、これまでも時々、コッソリ消していました。それで困ったことがありましたか？』と答えたのです。僕はまったく気がついていませんでした。自分がいかに多くのムダな仕事を部下にさせていたのか、気づかされました。

また、あるとき、部下に『○○は呼ぶと駆け足でやってきて、すぐ対応してくれる。優秀だなあ』と言ったところ、意外な言葉が返ってきました。『出口さんはまったく人を見ていないアホですね。彼は、あなたが将来、偉くなるに違いないと思って、ゴマをすっているだけですよ』。

よくよく観察してみると、確かに彼の言う通り、僕が呼んだときだけは駆け足でした。上司はいかに騙されやすいか、ということですね」

——このように「マネジメントの方法は部下に教わった」という出口氏。40代ともなると特に、自ら積極的に周りから学ぶ姿勢を見せねばならないという。

「『貞観政要《じょうがんせいよう》』という唐の太宗《たいそう》・李世民《りせいみん》の言行録があります。そこに、リーダーは三つの鏡を持つべきだと書かれています。第一は自分の顔が明るく元気で楽しそうかを確認する本物の鏡。第二は『歴史の鏡』。そして、第三が『人の鏡』です。自分の悪いところや間違いを指摘してくれる部下がリーダーには欠かせない、ということです。

僕は『貞観政要』を読んで、『人の鏡』の重要性を知ってはいました。ただ、それは知識としてであって、本当に痛感したのはこうした実際の経験を通してでした。『アホですね』と言ってくれた部下には、本当に感謝しています」

――では、どうすればこうした「人の鏡」を得ることができるのか。

「自分から『指摘してほしい』と言うことです。僕は今も、若い部下たちに『僕の間違いはどんどん指摘して』と言っています。こういう部下や後輩がいないと、『裸の王様』になってしまいます」

残業を削減し、自由時間を確保しよう

学び続けるためには、仕事にばかり時間をかけすぎない＝残業を減らすことも重要だ。出口氏がそのことに気づかされたのもまた、40代での体験だったという。

「43歳から3年間、ロンドン現地法人の社長を務めたときのことです。あるとき、聞きたいことがあって、下階の運用チームのフロアに行ったら、真っ暗で誰もいないのです。チームごと他社に引き抜かれたのかと思って慌てました（笑）。実際、ロンドンではそういうことがよくあるのです。でも、実は定時になったから、全員帰っていただけでした。といっても、定時を10分過ぎていただけですから、日本の常識で言えば、みんな残っている時間です。

日本では残業が当たり前で、僕もそのほうが成績が上がると思い込んでいまし

た。しかし、ロンドンの運用チームは定時で全員が帰る。それでいて、成績は社内の他のチームと比べてまったく遜色がありませんでした」

残業をしなくても成績は上げられることを目の当たりにした出口氏は、帰国後、自分が率いるチームで残業削減に取り組んだ。

「残業をなくすポイントは『無減代』。つまり、『その仕事は無くせないか』『無くせないのなら、減らせないか』『他のやり方に代えられないか』。『無減代』を考えれば、残業が減ったからといって業績が下がることはありません」

人が学びを得るのは「人・本・旅」からだ、というのが出口氏の持論。「旅」とは、遠くに行くことだけではなく、現場に足を運ぶこと。人の話を聞き、本をよく読むことはもちろんだが、さらに現場に行って体験してみることで、「百聞《ひゃくぶん》は一見に如《し》かず」となるからだ。このロンドンでの体験も、まさ

――にそうだった。

「日本の正社員は年間約2000時間働いていますが、約1500時間しか働いていないユーロ圏よりも成長率が低い。長時間労働が価値を生む時代ではないからです。短い時間で成果を出し、浮いた時間で人生を楽しむ英国人を見て、その思いを強くしました。

今は体力よりもアイデアが勝負の時代。ムダな残業を削減し、『人・本・旅』から大いに学んでほしいと思います」

視野を広く持てば、メンタルも強くなる

――ただ、いくら努力しても、それが必ず報われるとは限らない。40代は挫折を

経験することも多い年代だ。出口氏も、国際業務部長として働いていた40代後半のとき、大きな挫折を経験した。

「国際業務部長になったのがロンドンから帰国した1995年。当時でも、日本がこれから人口減少に向かうことは明らかでした。人口が減れば、生命保険の市場も縮小します。ですから早急に海外に新たな市場を求めるべきだと考え、僕は役員会に2020年までを見据えた海外展開のプランを提案しました。

当時からすれば25年も先のことなので『正気か？』とも言われましたが、無事に役員会を通すことができました。

ところが、社長が交代し、それとともに風向きが変わったのです。新社長は、『バブルが崩壊して大変なのに、海外展開を進める余裕はない。必要なのは国内の立て直しだ』という考え方でした。短期的に考えればその通りですが、長期的に考えると、やはり賛同できない。意見が食い違ったことで、他の部署の部長へと異動になりました」

――明らかな左遷人事だったが、そこで出口氏は落ち込まなかった。それも、本を通じて歴史を学んでいたからだという。

「歴史を紐解《ひもと》けば、多くの人が、というよりも、ほぼすべての人が、このような挫折を味わっています。それを知れば、自分だけが不当な目にあっているという見方が、いかに視野が狭いかがわかります。

僕に言わせれば、左遷されて不満を感じる人は現実が見えていないのです。会社組織に身を置く者は、社長にならない限り、どこかで出世がストップして、左遷される。毎年200人が入社する会社で、社長が5年で交代するとすれば、社長になれるのは1000人に一人。999人はどこかで左遷されることになります。自分も多数派になったのだと思えば、何を嘆く必要があるのでしょうか。むしろ人・本・旅で学ぶ時間が増えたと考えるべきです」

その後、日本生命を退職した出口氏は、74年ぶりの新たな独立系生命保険会社の設立という、無謀にも思える挑戦をした。そのベースとなったのが、40代でのこうした学びと体験だった。

「40代のビジネスパーソンは、目先の忙しさに流されがちです。しかし、ムダな仕事を排して少しでも自由時間を確保し、その時間で大いに学ぶべき。人と本と旅は世界を広げてくれます。それを仕事に、そして人生に、役立ててほしいですね」

（でぐち・はるあき）１９４８年、三重県生まれ。京都大学卒。72年、日本生命保険相互会社に入社。企画部や財務企画部にて経営企画を担当したのち、大蔵省を担当して金融制度改革に取り組む。92年、ロンドン現地法人社長。95年、国際業務部長。２００６年、同社を退職。同年、ネットライフ企画を設立し、代表取締役社長に就任。08年、保険業免許取得に伴い、ライフネット生命保険に社名変更。12年に上場。18年より立命館アジア太平洋大学（ＡＰＵ）学長。

今は体力よりも
アイデアが勝負の時代。
ムダな残業をなくし、
その時間で人に会い、本を読み、
旅をして大いに学びましょう。

得意分野に安住せず、「リポジション」で新たなことに挑戦を

ソニーの社長・会長として約10年間、経営の手腕を振るい、今もベンチャー企業を支援するクオンタムリープのCEOとして活躍する出井伸之氏は、「40代はビジネスパーソンにとって最大の転機だ」と言う。仕事に慣れたこの時期にあえて新たな分野に挑戦できるか。そして、新しいことを学ぶことができるか。つい現状に安住しがちな40代が新たな挑戦をするためには、どうしたらいいのか。自身の経験を踏まえて、40代の働き方についてうかがった。

Nobuyuki Idei

出井伸之

元ソニー㈱社長／クオンタムリープ㈱代表取締役ファウンダー＆ CEO

人生は「45歳」で何をするかで決まる!

――ビジネスパーソンにとって、40代は人生の黄金期だと出井氏は言う。

「人は歳を取るにつれて、クリエイティブマインドが下がっていく一方、経験値は上がっていきます。その二つのバランスが取れているのが、45歳なのです。自分の力を遺憾なく発揮できるこの時期に何をするかで人生が決まると言っても過言ではないでしょう。目の前の仕事をしっかりやりつつも、長期的な視点に立って、自分を成長させていく必要があります」

――そして、40歳を過ぎてから自分を成長させるには、働き方を「ワーキングクラス」から「クリエイティブクラス」へと転換することが必要だという。

「簡単に言えば、ワーキングクラスとは、毎日、同じルーチンの仕事を繰り返す立場の人。クリエイティブクラスとは、新しい価値を生み出す立場の人です。

ワーキングクラスとしてそれなりに会社の仕事ができるようになると、居心地が良くなります。しかし、その状況に安住していると、それより上の役職には上がれません。それどころか、ワーキングクラスのままだと、使い捨てにされかねません。若くて元気の良い人が出てきたら、その人たちに自分の仕事をどんどん奪われるでしょう。社内で通用するノウハウしか身につけていないことも多いので、転職も厳しい。そうならないためには、新しい価値を生み出せるクリエイティブクラスとしての実力をつけることが大切です」

あえて居心地の悪い「アウェイ」に身を置く

――クリエイティブクラスになるには何をすべきなのか。出井氏が勧めるのは、

「リポジション」をすることだ。

「リポジションとは、自分が置かれている環境を意識的に変えること。その環境に柔軟に対応し、自分を進化させていくことです」

まったく知らない分野の仕事、知り合いが一人もいない仕事。そんな居心地の悪い環境に身を置き、一から学び直すことで、確実に成長できるという。

「同じ職場で長く働き続けることは決して悪いことではありませんが、10年間で3回、自分の置かれた環境を変えた人と、10年間一度も変えていない人とでは、やはり前者のほうが多様な経験が積めます。つまり、問題解決の引き出しが増えるということです。こうしてリポジションを続けていけば、最終的には『スーパーゼネラリスト』へと成長を遂げ、たくさんの引き出しを使って、多くの問題を解決できるようになります。社内だけでなく、他社からも求められる人材になるでしょう」

リポジションを勧めるのは、出井氏自身が、40代まで多くのリポジションを繰り返すことでスーパーゼネラリストとなり、その結果、経営トップに上り詰めたからだ。

「事業部長として不振だったオーディオ事業を再生したあと、コンピュータ事業本部でMSXというコンピュータのハードを開発しました。そして、レーザーディスク事業では、後発メーカーとして業界トップの企業を追いかけました。このように多様な経験を積んだことが、すべて社長になってからの経営判断に役立ちました。

近年、スペシャリストになることを勧める人が増えましたが、私は懐疑的です。問題解決できる分野が狭まりますし、その分野がダメになったら終わりです。同じ理由で、『選択と集中』という言葉も大嫌いですね」

環境を変えるといっても、必ずしも転職する必要はないと出井氏は言う。

「それなりの規模の企業なら、社内で色々なことができるはずです。今、手がけている仕事で得られるスキルや知識を、『新規事業立ち上げのノウハウとオーディオの知識』というように抽象化して意識すれば、身につきやすくなり、社外でも通用する実力がつくでしょう。

同じ会社の中でも、リポジションをすることでマンネリを打破でき、クリエイティブマインドの低下に歯止めをかけられます。すると、生き生きと仕事に取り組めるようにもなります」

皆がやりたがらないことにチャンスがある

出井氏は、特に、あえて他の人がやりたがらない場所にリポジションするのがいいと言う。

「皆がやりたがることは、希望してもなかなかできません。一方、敬遠されることは挑戦させてもらいやすく、大きなチャンスをつかめます」

その好例が、出井氏が42歳のときにオーディオ事業部長に就任したことだ。1979年当時、日本全体がオーディオ不況に陥っていて、ソニーもその例に漏れず苦しい状況にあった。そんな事業部の長にあえて立候補したのだ。

「商品を生み出すことに関わる事業部長になりたいと考えていたのですが、ソニーの事業部長はエンジニアの親方。理系出身者が就くのが通例で、私のような文系出身者が就いた例はありませんでした。

その前例を覆《くつがえ》すにはどうしたらいいかと考え、不振部門に着目したのです。他の部門ではとても取り合ってもらえなかったと思いますが、オーディオ事業部長はなり手がいなかったようで、すんなりOKが出ました」

技術のことがわからない事業部長など前代未聞だったが、このチャンスを活かして、出井氏は事業再生のノウハウや様々な技術の知識を身につけ、大きく成長できたという。

「さらに幸運だったのは、CDという新技術が登場したこと。これによってオーディオ事業部の売上げが回復し、私もデジタル技術についての知見を身につけることができました。

主力事業がいつまでも主力であり続けられないように、お荷物とされていた事業が次の主力になることもある。今のように変化のスピードが速い時代はなおさらです。そう考えると、不振部門に行くことは決してマイナスではないのです」

その後に配属されたレーザーディスク事業部やホームビデオ事業部も決して花形とは言えなかったが、良い経験になったという。

「正直、レーザーディスク事業はあまり興味がなく、気が乗らなかったのですが、ハリウッドの人脈を作ることができ、のちに手がけた映画事業に活きました。不本意だった仕事もやっていれば面白くなるし、思わぬ収穫もある。楽しんでいれば、必ず得るものがあります」

リポジションの敵は「知ったかぶり」

40代でリポジションをして、自分がまったく経験のない仕事に就いたとき、出井氏が強く意識していたことがある。それは、「知ったかぶりをしない」ことだ。オーディオ事業部長に就任すると、若手のエンジニアに対しても、「よく知らないので教えてほしい」と素直に頭を下げた。

「40代にもなってその部署の仕事を何も知らないというのではバカにされるし、示しがつきません。そう思うと、知ったかぶりをしたくなります。しかし、これほど危険なことはない。特にエンジニアのように専門的な知識を持った人の前で知ったかぶりをすれば、すぐに見破られて、相手にしてもらえなくなります。それよりも、『知らない』と勇気を持って言えるほうが信用されるし、助けてもらえます」

ただし、まったく勉強しなくていいというわけではない。自分でも勉強しておくことは必要だ。

「ゴルフをやらない人がゴルフのスイングの話を聞いても理解できないと思いますが、下手でもゴルフの経験が少しでもあれば、それなりにスイングの話を聞くことができます。これと同じで、技術がわからなくても、少しでも勉強していれば、理解度はまったく変わってきます。

私はリポジションのたびに本を買いあさり、必死で勉強しました。そのうえで素直に教えを請えば、少なくとも無下にされることはないでしょう」

「第三の時間」を強制的に持とう

——出井氏は、40歳を超えたら「第三の時間を持つ」ことも勧める。

「第三の時間とは、仕事でも家庭でもない、一人でじっくりと物事を考えられる時間のことです。このような時間を持たないと、リポジションのような大事な決断はできません。日本のビジネスパーソン、特に家庭を持っている人は、他国のビジネスパーソンと比べて、この時間が圧倒的に少ないと思います」

——出井氏も、多忙の合間を縫って、強制的に「第三の時間」を捻出していた。

「例えば、一人旅によく行きました。配偶者が許してくれないかもしれませんが、それなら出張と組み合わせればいい。朝早く出発し、新幹線のこだまに乗ってゆったり行けば、考える時間が作れるでしょう」

——忙しいというのは言い訳に過ぎない。時間を捻出する方法などいくらでもあると言う。

「例えば、飲み会を一次会で帰れば1〜2時間は捻出できる。『付き合いが悪いと出世できない』と心配する人もいるかもしれませんが、会社もそこまでバカではありませんよ。自分の時間はついないがしろにしがちですが、これを確保するかどうかで、あなたの価値が決まると思います」

（いでい・のぶゆき）1937年、東京都生まれ。早稲田大学卒業後、60年にソニーに入社。89年、取締役就任。95年、社長兼COO。2000年、会長兼グループCEO。05年に退任し、クオンタムリープを設立、代表取締役ファウンダー&CEOに就任。フリービット、レノボ・グループ、マネックス・グループの社外取締役や、清華大学アドバイザリーボードなども務める。『変わり続ける』（ダイヤモンド社）など著書多数。

企業の中で、
不振部門に行くことは決して
マイナスではありませんし、
チャンスです。
課題の多い仕事もやっていれば、
経験が資産になるのです。

40歳を超えたら、「怖がられる存在」になることも重要だ

エステーをV字回復させた名経営者として知られる鈴木喬氏だが、40代まではまったく異業種の日本生命の社員だった。30代まではどちらかといえば閑職に回され、会社から評価される人材ではなかったという鈴木氏だが、40代でのあるチャレンジにより評価を一変させるとともに、リーダーとして必要な能力を身につけたのだという。その40代でのチャレンジについてお話をうかがった。

Takashi Suzuki

鈴木 喬

エステー㈱代表執行役会長（CEO）

リーダーは周囲にナメられたら終わり

63歳でエステーの社長に就任し、『消臭ポット』『消臭力』『脱臭炭』などの大ヒット商品を世に送り出した鈴木氏。商品数の大幅削減や不良在庫の処分といった大胆な経営改革を実行し、不振に陥っていた業績を見事に立て直した。

今でこそ辣腕《らつわん》経営者として名を馳せる鈴木氏だが、40代までは日本生命でサラリーマン生活を送り、50歳でエステーに入ったときも肩書きはヒラの部長だった。その強烈なリーダーシップは、どうやって身につけたのだろうか。

「リーダーシップとは何か。それは、周囲を『この人の言う通りだ』と納得させることです。

そのためには、『このオッサン、怖いな』と思わせないと(笑)。リーダーはナメられたら終わりです。

僕がエステーに移って営業統括部長になったとき、最初に支店長たちに言ったのは『うちの商品は絶対に取り扱わないと言っている一番難しいところへ連れて行け！』でした。でも支店長は『あのお客様は無理です』と言う。そこで、僕が目の前で電話をかけ、アポを取ってみせるんです。

そして支店長を連れて営業に行き、『うちの商品を扱ってください！』と土下座する。するとお客様は度肝《どぎも》を抜かれて、『そこまでするなら』と話を聞いてくださる。これが突破口となり、その後の売上げに結びついていきました。

これを見せられた支店長は、『自分ができなかったことを、あの部長はやった』と納得するしかない。さらに、各支店長の間で『今度の営業部長はすごいらしい』と情報が回る。それで誰もが必死に営業して、短期間でエステーの売上げは急増しました」

営業先に「薄気味悪いやつ」と思われたら、勝ち

――一見すると強引に思えるかもしれない。だが、「結果さえ出せば周囲は納得する」という確信は、40代の頃の経験がもたらしたものだった。

「40歳のとき、日本生命の上層部を説得して、法人営業部を立ち上げました。当時、日本生命は個人保険では日本一でしたが、企業保険は手つかずでした。

それで、50枚ほどの論文を提出し、『わが社が世界一の保険会社になるには、法人営業の専門部隊を作るべきだ』とぶち上げたのです。その提案が通り、新しい部署が作られて、僕は課長の肩書きをもらいました。

ところが、僕はそれまで営業をやったことがなかった。経験がないぶん知恵を絞って、『大口の顧客を攻めよう』と戦略を立てました。社員が100人の企業より1万人の企業のほうが、リターンが大きいですから。

そして、営業先の有価証券報告書や付属文書を徹底的に読み込みました。さらに、その会社を取り上げた新聞や雑誌の記事にも隅から隅まで目を通しました。そのうえで、営業先の財務担当者を相手に、『御社の資金の借り入れについて、私は三つの疑問を抱いています』などとズバッと指摘したのです」

——すると相手は、「自分の仕事に何か問題があったのだろうか」と不安になる。

「そこで、『その点について、ぜひ上の方にお目にかかってご説明したい』と言うと、たいていは会わせてくれます。そうやって、相手の役職が部長、役員と上がっていき、最終的には社長へのセールスに成功しました。

僕は相手の会社のことをすべて勉強しましたからね。どんな経営課題についても、『なぜ、あの決断をしたのですか？』『今回の人事には、このような問題があるのではないでしょうか』といった話ができるのです。すると、相手は『うちのことをなんでも知っているなんて、薄気味悪いやつだ』と思う。それでいいのです。そうやって思わせておけば、僕が『またお目にかかりたい』と言えば、必ず時間を取ってくれます。

営業で難しいのは、2回目に会う約束を取りつけることです。何かしらのコネがあれば、誰でも一度は会ってくれますが、その先に進めないケースがほとんど。その壁を、僕は相手を徹底的に知ることで突破したわけです」

根拠なき確信がリーダーには不可欠

こうして大口顧客を相手に次々と契約を勝ち取り、鈴木氏は年間1兆円を売り上げるトップセールスマンになる。この成功体験によって、仕事がどんどん面白くなっていったという。

「この法人営業部は、今でいう『社内ベンチャー』でした。それが桁違いの業績を上げたので、会社が予算をつけてくれて、経費も使い放題になりました（笑）。

僕は30代まで、閑職をたらい回しにされていました。鼻っ柱が強くて組織になじめない性分だったから、上からはにらまれてばかり。人事考課の評価も低かった。でも、結果を出したことで、組織にいながら『鈴木喬商店』のリーダーとして好きなことができるようになったのです。30代はつまらなかったけど、40代は自分のやりたいことができて、とても面白く過ごせました。

そもそも僕は、昔から『俺が世界一だ』という根拠なき確信を持っていた。それがいつも自分の強みになっていたように思います。法人営業部を立ち上げたあと、なかなか契約が取れなかった頃に、他業種や同業他社のトップセールスマンに話を聞きに行ったんです。でも、実際に会ってみると大したことはない。それで『やっぱり俺よりすごいやつはいないな』と自信を持った（笑）。

実際は単なる思い込みなんです。でも、ビジネスで結果を出すには、この思い込みが大事。営業がうまくいかなくても、『俺のすごさを理解できない相手が悪い』と思えば、ストレスを感じないでしょう?」

断わられた瞬間にやる気のスイッチを入れる

この「根拠なき確信」は、現場のプレイヤーから管理職へ、さらに経営層へと役職を上げていくために不可欠なものだと鈴木氏は話す。

「組織で上に行けるのは、『運が強い人』です。下っ端の頃は能力がすべて。子分の立場だから、能力がある人間が上から重宝されます。ところが立場が上がるにつれ、能力よりも運の強さが大事になる。よく『課長のときは優秀だったのに、部長になったらまるで成果が出せない』という人がいますが、それは結局、運が強いかどうかなのです。

『運』というと他人任せに聞こえるかもしれませんが、そうではありません。運を引き寄せるかどうかは、その人の考え方次第。それが『根拠なき確信』なのです。

優秀な人ほど、昇進するとうつっぽくなることが多いでしょう。特に学校の成績が良かった優等生タイプは、失敗するとプライドが傷ついて、トラウマになってしまうのです。僕みたいに鈍感な人間は、痛い目にあってもすぐに忘れる（笑）。だから、うまくいかないことがあっても、『いやあ、今日も絶好調だな！』と言えるのです。

経営者に必要なのは、この鈍感さですよ。悪いことがあっても、すぐに忘れて動き出せる人は、運を引き寄せられるのです。

その意味でも、40代で営業を経験しておいてよかったと思います。保険の営業は、相手に断わられるところから始まります。見ず知らずの人間が訪ねてきて、目に見える商品もないのに、最初からイエスと言うお客様などいません。だから僕は、相手にノーと言われた瞬間に、『よし、ここからがスタートだ!』とスイッチが入る。そして、ノーを覆《くつがえ》すためのアイデアがいくらでも湧いてくるのです。

経営者になった今も、どんなに悪い状況でも落ち込むことはありません。周囲が『もうダメだ』と騒ぐときほど、必ず挽回できるという確信が持てるのです」

トップの仕事は「味方作り」が9割

さらに鈴木氏は、「組織の中で上へ行きたいなら、人に頭を下げなさい」とアドバイスする。

「年齢や立場が上になるほど、偉そうにふんぞり返る人が多いのですが、それでは周囲の人に嫌われるだけ。僕が経営トップになって何をやっているかといえば、味方作りなんです。

お客様に可愛がられるのは、何かあったときに理屈抜きで『申し訳ありませんでした！』と頭を下げられる人間です。組織で上に立ちたいなら、『なんだか憎めないな』と思われるキャラクターを作ることが必要。

社長なんて、はっきり言えば人気商売ですよ。人に好かれないとやっていけない。上に行きたいなら、能力だけを磨いてもダメなのです。

皆さんの中には、『今の会社では上へ行けそうにないから転職しようか』と考えている人もいるかもしれません。でも、今の会社で成果を出せない人は、どこへ行っても同じでしょう。

40代にもなったら腹をくくることです。たとえ出世できなくても、『ここで好きなことをやってやる』と開き直ればいい。肩書きがなくても、自分がやりたいことを上にプレゼンすることはできるはずです。

僕だって、頼まれもしないのに勝手に50枚の論文を作って提案をしたから、日本生命で法人営業部を立ち上げられたのです。
役職や年齢にかかわらず、給料をもらっている以上、会社員は誰もがプロフェッショナルであるべき。上に提案くらいしないと。その自覚を持つことが、自分の生きる道を見つけることにつながるはずです」

（すずき・たかし）１９３５年、東京生まれ。一橋大学商学部を卒業後、59年に日本生命に入社。年間契約高１兆円以上のトップセールスマンとして活躍。85年、エステーに出向。98年、エステー社長に就任。『消臭ポット』『消臭力』『脱臭炭』などのヒットを連発し、２００５年３月期には創業以来最高の純利益18億円を達成。売上高も社長就任時から20％伸ばした。著書に『社長は少しバカがいい。』（ＷＡＶＥ出版）がある。

「自分が世界一だ」と
いうくらいの気持ちで
仕事に取り組めば、
運も必ず
向いてきます。

考えすぎずに「やる」と決めれば、40代からの挑戦も遅くはない

40代になると自分の限界を感じる人がいる一方で、40代から大きく花開く人もいる。後者の代表格が、ブックオフ創業者で、現在は飲食業界にて革命を起こし続けている坂本孝氏だろう。50歳でブックオフを立ち上げて業界に革命を起こすと、70代で飲食業に参入。「俺のイタリアン」「俺のフレンチ」などの成功で世間を驚かせた。そんな氏は自身の40代を「空白だった」と言うが、そこから得た学びはその後の人生に大いに役立ったという。

Takashi Sakamoto

坂本 孝

俺の㈱取締役会長／ブックオフコーポレーション創業者

失敗続きの40代。それでも金脈を探し続けた

50歳で中古書販売の「ブックオフ」を創業し、「俺のイタリアン」「俺のフレンチ」で飲食業に参入したのは70代。年齢を重ねるたびに新たなチャレンジを続け、従来の常識を覆《くつがえ》す経営手法によってビジネスを大成功に導いてきたのが坂本孝氏だ。その名が広く世に知られるようになったのは50代以降だが、40代の頃はまさに「失敗の連続」だったと話す。

「人生を10年ごとの刻みで振り返るなら、私の40代は『空白』でした。それまでにいくつものビジネスを立ち上げては失敗し、40代までに成功したのは中古ピアノ販売業だけ。50代でようやくブックオフを成功させましたが、それを含めても『2勝10敗』です。ただ、何度失敗しても、いつかツキが来ると信じて、鉱山を掘りまくっては金脈を探し続けてきた。それが私の40代です。

要するに私は遅咲きの人間で、やることが普通の人より10年遅れなのです。50歳で創業したブックオフも、他の人なら10年早く始められたのかもしれません」

「自分の失敗」より「他人の失敗」から学べる

失敗だらけの40代。それでもくじけることなく新たな挑戦を続けられたのはなぜだったのだろうか。それは、「やる!」と決断することこそが、どんなビジネスにも共通する成功のノウハウだと確信していたからだ。

「当時、私が心がけていたのは、仕事の合間になるべく時間を見つけ、数多くの経営者から話を聞くこと。それもなるべく『失敗談』を聞くことでした。そうしてわかったのは、失敗する人は『考えすぎ』だということ。色々な情報を集めて、まるで大学教授みたいに分析し、『なるほど』と納得する。でも、分析することと実際に行動することは別です。たいていの人は、結局、やらない。行動しなければ成功しないのは当たり前です。理屈はともかく、『やる！』と決めることこそが重要なのです。

私が中古ピアノ販売を始めたときも、まさにそうでした。本当は新品のピアノを売りたかったのですが、資金がなく、中古しか選択の余地がなかった。でも、思い切ってやってみたら、そこに宝の山がありました。『本当に中古でいいのだろうか？』などと考えすぎず、『やる！』と決断したからこそ、人生での1勝目を上げられたのです」

自身も数多くの失敗をしてきた坂本氏だが、自らの失敗を振り返るより、他人の失敗の経験を聞くことから気づかされることのほうが多かったと話す。

「自分の失敗からは学べないものです。人間は、自分のことは客観的に見られないものですから。私もいまだに、自分の数々の失敗の原因がなんだったのか、理解できていません。

でも、他人のことならよくわかります。皆さんも、自分の欠点には気づかなくても、他人の欠点は目につくでしょう？　だから他人の失敗から学んだほうがいいのです。できるだけ多くの人に話を聞いて、『こうすると失敗する』というパターンがわかれば、肝《きも》に銘《めい》じておくことができます」

自分を導いてくれる「師匠」を見つけよう

――この、考えすぎずに「やる！」という姿勢が、50歳でのブックオフの起業にもつながった。

「立ち上げた当初は、周囲から『気でも違ったのか』という目で見られました。大々的に中古書販売をやろうとすれば出版業界から非難を浴びるのは目に見えていたし、考えられるリスクはいくらでもありました。しかも50歳で新たに起業するなんて、当時の常識ではとんでもないこと。今でこそ中高年で起業する人も増えましたが、その頃、取材に来た記者から、『墓場に片足を突っ込んだような歳で』と失礼な言われ方をされたこともあったほどです（笑）。

でも私は、『やる！』と決めた。そして、いったん決めたら、怒濤《どとう》のごとく突っ走ったのです。

私は父親の事業が何度も倒産しそうになるのを見て育ったので、リスクに対する感覚が一般の人と違うのかもしれません。私にとってリスクは、『仕事をするときの楽しみの一つ』くらいの感覚ですね」

他人の経験を聞いて学ぶという姿勢を徹底していた坂本氏だが、「話を聞く相手はくれぐれもよく見極めるべき」とアドバイスする。

「やはり自分自身で実践をしている人の意見を聞くべき。本も同じです。巷《ちまた》には成功術について書かれた本があふれていますが、実際にリスクを取ってビジネスをやったことのない人が書いたことなど、聞いても意味がありません。ところが、そういう人の話や本を真に受けて、その通りにやってしまう人がいる。自分の力を信じないから、どうでもいい人の意見に振り回されるのです。

私が人生で最も影響を受けた京セラの稲盛和夫氏は、まさにリスクを取って挑戦を続けてきた人です。出会いは私が50代のときでしたが、本当に多くのことを学びました。

稲盛氏が素晴らしいところは、平易な言葉でわかりやすく話してくださることです。本来なら、私と稲盛氏ではレベルが違いすぎて、話を聞いてもただ感心するだけで終わってしまうところでしょう。大リーグの大谷翔平選手が『こうやったら速い球が投げられますよ』と教えてくれたとしても、きっと理解できないのと同じです。ところが稲盛氏は、私たちが日常的に直面する身近な課題にもとづいて経営を語ってくれる。だから理解できるし、言葉がストンと腹に落ちるのです。

皆さんも、40代から自分を成長させたいなら、大事なことをわかりやすく教えてくれ、自分を導いてくれる師匠を見つけてください。いくら仕事が忙しくても、日頃からなるべくたくさんの人と接して、人を見る力を養ってほしいと思います」

焦らず、腐らず、ゴールデンエイジを楽しむ

そして、「負け続きだった40代も、今から思えば、50代以降に成功するための土台作りの時期だった」と振り返る。

「先ほど、自分の失敗からはなかなか学べないとお話ししましたが、それでも得たものはあります。それは、『ウソをついてはいけない』ということ。人間にとって一番大事なのは、正直さである。これが失敗から得た最大の教訓です。

一度でもウソをつくと、そのうち『商売のため』『営業成績のため』と理由をつ

40代は体力、気力ともに十分な
人生のゴールデンエイジ。
失敗にめげずに
正しいことを続けていれば、
きっと花開くときが来ます。

けて、どんどんウソをつくクセがつきます。バレていないつもりでも、他人にはすぐわかります。そして、信用を失います。そのことを私は、自分の体験からも、人の失敗談からも学びました。諦めずに正しいことを続けていれば、必ず花開きます。

40代は大変なことがたくさんあるでしょうが、そこで諦めたり腐ったりしてはいけません。40代が一番良い時期なのですから。体力や気力も十分だし、世の中のこともよくわかっている。ビジネスパーソンにとって、40代こそゴールデンエイジですよ」

（さかもと・たかし）1940年、山梨県生まれ。オーディオ機器販売や中古ピアノ販売などを経て、1990年にブックオフを創業。91年、ブックオフコーポレーションを設立。16年間で1000店舗まで拡大し、書籍業界の流通に革命をもたらす。2009年、俺の株式会社の前身となるVALUE CREATEを設立して飲食業に参入。11年、『俺のイタリアン』をオープン。続く『俺のフレンチ』や『俺の割烹』なども大繁盛店となる。著書に『俺のイタリアン、俺のフレンチ』（商業界）など。

私の
ターニング・ポイント
45歳
Turning Point

松本 晃

ラディクールジャパン㈱
代表取締役会長CEO

大きな実績を上げれば、社内で評価されなくても、世の中が評価してくれる

ジョンソン・エンド・ジョンソン日本法人やカルビーのトップを務め、業績を大きく向上させた松本晃氏は、日本を代表するプロ経営者の一人だ。現在はラディクールジャパン㈱を設立し、代表取締役会長CEOを務めている。伊藤忠商事の一社員だった松本氏は、どのようにしてキャリアを築いてきたのだろうか。

「45歳で辞める」と決め、それを実行

伊藤忠商事に入社して2〜3年目には、45歳で辞めようと決めていました。伊藤忠商事の社長にはなれないと気がついたからです。

社長になれば、自分の思い通りのことができるのですから、これほど面白いことはありません。だから、規模は大きくなくてもいいので、どこかの会社の社長になりたい。社長として招聘《しょうへい》してもらうためには実績が必要ですから、それを45歳までに作ってから辞めよう、と考えたのです。

そして、実際に、45歳の誕生日を迎えてから2週間後に退社しました。もとから決めていたこととはいえ、長年勤めた会社を辞めるのは、やっぱり勇気がいりました。

そのとき、私は次の勤め先を決めないまま辞めました。それは、私が持っていた仮説を検証したかったからです。その仮説とは、人の実績を社内の人は見ていない

し評価もしないが、社外の人はちゃんと見ていて評価している、というものです。結果、23社もの会社からオファーをいただくことができました。ですから、私の仮説は正しかったわけです。

私のどこを評価してくれたのか、具体的に聞いたことはありませんが、6年間出向していたセンチュリーメディカルを再建させたことでしょう。

やったことは簡単です。利益が出ない事業を畳《たた》んで、利益が出る事業に集中するだけ。そして、売上げを伸ばし、コストを抑えれば、利益が大きくなる。ごく当たり前のことです。

私は、ビジネスの理屈を難しく考えたことはありません。問題は実行できるかどうかで、実行するためにも、理屈は簡単でなければならないのです。

もちろん、投資も必要です。何に投資するかといえば、設備などではなく、人。要するに、会社に利益をもたらしてくれる人の給料を高くするのです。そうすれば、ますます会社のために働いてくれて、会社の利益が大きくなります。

伊藤忠商事を退社した松本氏は、ジョンソン・エンド・ジョンソン日本法人に入社し、社長を務めた

私がジョンソン・エンド・ジョンソンの社長になってからしばらくは、私よりも給料の高い社員が何人もいましたよ。野球のスター選手の年俸が監督よりも高いのと同じで、当然のことだと思います。

ジョンソン・エンド・ジョンソンやカルビーの社員で、「松本さんの時代は良かった」と言ってくれる人がいますが、それは給料を高くしたから。給料を高くすれば、社員はモチベーションを上げてくれるし、消費する金額も増えてデフレ脱却へと向かうのに、日本企業はなかなか給料を上げませんね。

今、40代の読者の皆さんには、私のように、次の勤め先を決めずに退社することは必ずしもお勧めしません。転職を考える前に、世の中がどう変わっているのかを、もっと勉強していただきたい。

そのために最も効率が良い方法は、本や雑誌を読むことです。それで得たことをもとに自分で考え、行動し、失敗したら失敗から学ぶ。それを繰り返すことで、大きな実績を出せるようになると思います。

（まつもと・あきら）１９４７年、京都府生まれ。72年、京都大学大学院農学研究科修士課程を修了後、伊藤忠商事に入社。86年、センチュリーメディカルへ取締役営業本部長として出向。93年、ジョンソン・エンド・ジョンソン メディカル（現ジョンソン・エンド・ジョンソン）代表取締役プレジデント。99年、同社代表取締役社長。２００９年、カルビー代表取締役会長兼ＣＥＯ。18年、ＲＩＺＡＰグループ代表取締役。19年、ラディクールジャパン設立。

40代で必ずやっておくべきこと❶

残業を減らし、自分の時間を持とう。

40代で必ずやっておくべきこと❷

「やったことのない仕事」に手を広げよう。

出口治明氏が指摘するように、日本人の働き方にはまだまだ改善の余地がある。長時間労働を当たり前だと思わず、「同じ仕事をより短時間でできないか」「同じ時間で、もっと生産性が上げられないか」という発想で仕事を見直してみることが重要だ。

そして、空いた時間は勉強、読書、あるいは趣味など、自分を高めるために使う。そのほうが世界も広がり、結局、仕事のレベルも上がっていくのだ。

一方で、出井伸之氏が指摘するように、40代では今までやっていた仕事とは違う仕事にもチャレンジしておきたい。一つのことしかできない人材は、いくらでも取り換えが利く。リーダーを目指す人はもちろん、定年まで働き続けるためにも重要なことだ。

40代で必ずやっておくべきこと❸

「いい人」から「人を動かせる人」になろう。

40代で必ずやっておくべきこと❹

社内人脈より、社外人脈を広げよう。

仕事で成果を出すためには「人に動いてもらう」ことが不可欠。エステーの鈴木喬氏は、「リーダーは怖がられないといけない」と言うが、確かに「ただのいい人」では、誰もついてきてくれないだろう。

ここで大事なのは「率先垂範」の姿勢。自分がまず動くことで、人も動いてくれる。動くことをおっくうがってはならない。

もう一つ大事なのは「社外人脈」の構築だ。松本晃氏は、社外にこそ認められる仕事を心がけ、ステップアップを成功させた。坂本孝氏は、社外の「師匠」から多くのことを教わった。読者へのアンケートでも、「40代でやっておくべきだったこと」に「人脈構築」を上げる人が非常に多かった。社内の人ばかりと仲良くせず、社外の人と積極的に関係を持っていこう。

第2部

40代からの「飛躍」の理由

――人生が好転したきっかけとは

辛い時期でもある40代。だからこそ心身両面をマネジメントする力を

「1億総活躍社会」が提唱されるはるか前から第一線で活躍し、働く女性の可能性を引き出してきた起業家の佐々木かをり氏。順風満帆に見えるそのキャリアの中で、実は40代は「最大の試練」だったという。しかし、その試練があったからこそ自分を見直し、逆境を打破する力を身につけることができた。そんな佐々木氏の40代と、つらい時期を乗り越えるために必要なことについて教えてもらった。

Kaori Sasaki

佐々木かをり

㈱イー・ウーマン代表取締役社長

「40代前半が人生で一番つらかった」

40代は仕事上の責任が増し、プレッシャーも大きくなる時期。家庭も含めて様々な問題に直面し、強いストレスを感じる人が多い。佐々木かをり氏にとっても、特に40代前半は、人生で一番つらかった時期だという。

「39歳で二人目の子供を出産したのをきっかけに、新たな事業に乗り出すことにしました。

それまでは、『長期的な計画を立てても、途中で妊娠して、もしたくさんのケアが必要な子供が生まれたら、仕事にかける時間が少なくなるかもしれない』と、長いスパンで事業を考えることができていなかったのでしょう。二人目を出産したことで、『もうこの先、出産することはないだろう。今こそ大きな仕事を始めるときだ』と思ったのです」

そのとき、すでに翻訳者・通訳者をネットワーク化して「ユニカルインターナショナル」を起業し、その後、日本初の女性向けサイトの運営もしていた佐々木氏は、そのサイトをさらに進化させ、働く女性の知恵をインターネットで結集させて商品開発などに活かす企業「イー・ウーマン」を、2000年、40歳で新たに興した。

「折しも時代はＩＴバブル期。新しいＩＴ企業だということで、多くの方が興味を持ってくださいました。予想をはるかに超えた資金が集まり、多くの方々が参画してくださることになったのですが、それは実際のところ、当時の私の力量を超えるものでした」

多くの人材が集まれば、そこにある想いも様々になる。組織に求めること、やりたいこと、モチベーションの度合いなど、すべてが一人ひとり違う。それをまとめるのは至難の業で、事業は決して順調には進まなかった。

「結果として、出資していただいたうちのかなりの金額をムダにしてしまいました。多くの方のお叱りを受け、お詫びに回る毎日。本当につらい時期でした。しかし、今から振り返れば、この試練を経たことで、多くのことを学べたと思います」

「つらいから」とズルをすれば、すぐに信頼を失う

「人は逆境の中でこそ試される」ということを、佐々木氏はこの経験から学んだという。

「人間関係もチームワークも万全。周囲の全員が支持してくれる。そんな良い環境

にいたら、成果を出せるのは当たり前です。実際には、そんな良い環境は、まずあり得ません。何かしら意のままにならないところがあるものです。私は40代で、全方面で意のままにならない状況を経験して、『今こそ、人としての真価が問われている』と感じました」

――そこで佐々木氏がたどり着いた「ビジネスパーソンとしての真価」とは何か。一つは「倫理観」だ。

「何をしてもうまくいかず、人に非難されて、追い詰められた状況では、『それは誤解だ』『悪いのはあの人だ』などと言いたくなる場面が多々あります。私も『あの人のせいだ』と考えたくなることがありました。しかし、こんなときこそ倫理的に正しくいこう、と、口にすることはありませんでした。

逆境を打破するために必要なのは、良い仕事をし続けて、仕事の成果で評価されること。そして、倫理的に正しい姿勢を貫くこと。それでこそ信頼を保つことができること。

きます。
ネット社会では、会社も個人も24時間、他人に見られているようなもの。まっすぐに、良い仕事をしているのか。今も、それを常に問われていると思いながら仕事をしています」

40代では、ストレスマネジメントが必須に

――逆境で問われるもう一つのもの。それは「自分を良い状態に保つ力」だ。

「仕事量が多いと思っているときでも、『この間の仕事、良かったよ!』の褒め言葉一つで、俄然、元気が出て、スイスイ進むようになることがありますよね。つまり、成果を出すための最も重要なポイントは、自分の『気』の状態だということです。

先ほどお話ししたように、良い環境で成果が出せるのは当たり前。良い環境なら、自分の『気』も前向きな状態で仕事ができます。では、つらい環境ではどうか。ビジネスパーソンとして重要なことは、常に自分の状態を安定させて、成果を出すことです。

そもそも、パーフェクトな環境が長く続くことなどあり得ません。予算や時間が足りない、上司や部下とうまくいかない、取引先が難しい条件を投げてくる……といった課題が必ず生じるものです。プライベートでも、介護や育児がある人もいるでしょう。

程度の差はあれ、誰もがなんらかの課題を抱えているのです。それなのに『私はつらい環境にあるから……』と言って何もしないなんて、もったいない」

――では、つらい環境にあっても自分の状態を良く保つには、どうすればいいのか。まずは意識の持ち方を変えよう、と佐々木氏は話す。

「『なんらかのストレスがあるのは当たり前』と思っておくことです」

――そのうえで、心身両面でストレスを短時間で身体から出すことが重要だということ。

「ストレスを受けたときに自分を良い状態に保つためのストレスマネジメントは大切ですね。睡眠や食事など、日々の生活全体に気を配り、健康管理をすることはもちろん必須。私はストレスを短時間で身体から出す様々な方法を考えて、実践しています。

また、うまくいかないときに自分を立ち直らせる方法も意識しておきましょう。信頼できる人に話すもよし、おいしいモノを食べるもよし、方法は人それぞれでしょう。良くないのは、何も行動せず、長時間、怒ったり、落ち込んだりして過ごすことです」

佐々木氏は『アクションプランナー』という手帳をプロデュースしており、時間管理法に関する著書や講座でも知られている。佐々木氏の言う「時間管理」は、まさにこのストレスマネジメントのためでもあるという。

「24時間、自分を良い状態にしておくにはどうしたらいいか。その方法が、私が教える時間管理法なんです。手帳にアポイントや仕事の締切りだけを書き込んでいる人が多いですが、それは時間管理ではなく『約束管理』。大事なのは、約束と約束の間にある自分の時間です。

自分がしたいことをする時間をあらかじめ決めておき、実行していくことで、自分で自分をマネジメントしているという満足感が得られる。その満足感が、自分を良い状態へと導くのです」

良い仕事をし続ける姿勢と、笑顔で何事も楽しむ気力を保ったことで、佐々木氏は40代のピンチを乗り越えた。この二つがあれば、40代のキャリアは限りなく充実するだろう、と佐々木氏。

「公私ともに環境の変化があったり、ストレスがある年代かもしれませんが、それを乗り切る知恵も増やせる時期。工夫を重ねながら、日々、自分を成長させられるこの年代を、大いに楽しんでほしいですね」

（ささき・かをり）上智大学卒業後、通訳・翻訳等を提供するユニカルインターナショナルを設立（www.unicul.com）。2000年にはダイバーシティ・コンサルティング会社イー・ウーマンを（www.ewoman.jp）設立。行政や企業のために意識調査、商品開発、研修、「表参道カレッジ」での講座も多い。日本初の数値化「ダイバーシティインデックス」を発案。また1000人規模の「国際女性ビジネス会議」をプロデュースし20年以上毎夏開催。ダイバーシティの第一人者でAPEC、OECDなど国内外で日英での講演も1500回を超える。日本初の時間管理術を紹介し「アクションプランナー」で手帳ブームもつくった。上場企業等の社外取締役、内閣府、厚生労働省等の政府審議会等委員、世界銀行We-fi日本代表等を務める。著書多数、テレビ、雑誌、新聞等のコメンテーターを務める。二児の母。

常にパーフェクトな環境が続くことなどありません。だからこそ、自分を良い状態に保つ方法を考えて実践すべきです。

仕事一辺倒を卒業し、仕事以外にも情熱をぶつけよう

中華料理店「大阪王将」を始め、ラーメン店「よってこや」など多様な飲食店を全国に４８２店舗（２０１９年３月末現在）展開するとともに、冷凍食品の製造販売など様々な食のビジネスを手がけているイートアンド。同社を長年率いている文野直樹氏は、40代になった頃から、社外の趣味のコミュニティに参加することを習慣づけているという。「40歳を過ぎたら仕事一辺倒をやめよう」というその意味とは？

Naoki Fumino

文野直樹

イートアンド㈱代表取締役会長

50代で社交ダンスやサーフィンをスタート!?

――文野氏には、毎週、必ず予定に入れていることがある。それは、社交ダンスのレッスンだ。

「53歳のときに、先輩経営者に勧められて始めました。レッスンに来ているのは60～80代の方が主ですが、皆、若々しい。90歳を超えている奥様が上手にワルツを踊るのを見ると、びっくりしますよ」

――数年前からは、週末にサーフィンもしている。

「若い頃にやっていたのを再開しました。再開したのは50代ですから、そんなにうまく波に乗れるわけではなく、ロングボードにのんびり乗っているだけです」

こう聞くと、「一定の成功を収めた経営者が道楽に走った」と感じるかもしれない。しかし、文野氏の場合はそうではない。

「私が社交ダンスやサーフィンをしているのは、仕事のため。リフレッシュの意味もありますが、それよりも情報収集のためという側面のほうが強いですね」

「あの人ならどう思うかな」の感覚が大事

文野氏は、社交ダンスはもちろん、サーフィンも、仲間たちと一緒に楽しんでいる。そのコミュニティに属している人たちから得られる情報が、本業のマーケティングに役立つという。

「マーケティングといっても、『大阪王将の餃子、どう思いますか?』なんて、露骨に聞くことはしません。日常会話をしたり、行動を見たりしているだけです。
例えば、社交ダンスに来ている奥様方が、自分の体型の悩みやご主人に対する文句をとりとめもなく話しているのを聞く。また、どんな格好で教室を訪れて、どんな行動を取っているかなどを、何気なく見ています」

――すると、日々、様々な発見があるそうだ。

「ダンスの発表会用のドレスに平気で100万円を出す奥様に『餃子が200円なんて高い』と言われたりもしますが（笑）、実際には、自社の事業と直結しないことのほうが多いですね。
例えば、社交ダンスに来る奥様方はだいたい先生のファンで、70代でも80代でも、自分でクルマを運転して、きれいな格好をして、先生に会いに来る。そういうのを見て、『何歳になっても乙女のような気持ちがあるんやな』と感じる、といった具合です」

――そんな仕事と関係のなさそうな話を数多く聞くことが、実は仕事に役立つ、と文野氏は語る。

「これらが蓄積していくと、そのコミュニティにいる人たちの生活パターンや思考回路が見えてくる。すると、どんなことに満足し、不満を抱くのか、といった生活者の感覚が、肌でわかってくるのです。

実は、経営者は、このような生の声を聞く機会がほとんどありません。フラットな立場で触れ合える趣味の場が、その唯一の場所なのです」

――その積み重ねが活かされるのが、新業態や新商品を開発するときだ。

「『この商品、あのおばちゃんだったら、なんと言うかな?』などと、その人になり切って考えられるようになります。競合の店舗を視察するときも、この視点が活用できますね。

トレンドを察知して、どの方向に進むかを決めるのが、経営者の重要な仕事。趣味の交流で、その能力が養われるというわけです」

――また、趣味を楽しんでいると、そのカルチャーの魅力がわかってくる。それを活かした商品や店舗作りもできるようになる。

「横浜のベイサイドにオープンした『&Swell』というカフェは、東海岸のサーフショップをイメージしています。サーフカルチャーの人たちとの出会いがなければ生まれなかったでしょう」

――もちろん、趣味をすることで、リフレッシュ効果もある。

「身体を動かすことで体調が良くなることに加えて、精神的にフラットになれる効果もあります。会長や社長をしていると『お山の大将』になりがちですが、社交ダンスやサーフィンの世界に行けば、自分より上の人はいくらでもいます。

そうした人たちに教えを請うていると、気持ちがフラットになり、謙虚な気持ちや初心を取り戻せるのです。会長室・社長室でふんぞり返っていては難しいことでしょう」

40歳になったら「仕事一辺倒」はやめよう

――このように、文野氏が趣味の習慣を持つようになったのは、40代に差しかかった頃だ。

「25歳のときに創業者である父の跡を継いで社長になり、そこから30代の終わりまでは、店舗を拡大し、売上げを伸ばすことしか考えていませんでした。

しかし、40代に差しかかる頃、自分の器の狭さというか、限界のようなものを感じ始めたのです。

また、このまま仕事一辺倒ではつまらない人生になってしまうのではないか、という気持ちもありました」

――そこで、様々な趣味を始めた。40歳から5年間はボクシングジムで汗を流し、45歳から10年間は、マラソンの愛好会に入って、フルマラソンに挑戦するようになった。

「正直なところ、練習をしながら、『やらなければならない仕事がたくさんあるのに、こんなことをしていていいのか？』と思ったことは一度や二度ではありません。仕事にすぐ結びつくわけではないので、そう感じてしまうのですね。

しかし、振り返ると、様々な趣味のコミュニティに参加したことで、明らかに思考回路の幅が広がりました。その間、会社自体も、大阪の中小企業から東証一部上場企業へと成長していますから、かなり意味があったのではないかと感じています」

習慣化のコツは「他の人を巻き込む」こと

「ある程度、本格的にやってみないと、得るものが少ない」との考えから、文野氏はどの趣味にも真剣に取り組んでいる。マラソンをしていた頃は、大会前になると、忙しい合間を縫って、月間150㎞は走っていたそうだ。多くの人は、仕事が忙しいと趣味を諦めてしまいがちなのに、なぜ文野氏は続けられたのだろうか。

「一つは、大会にエントリーしていたからです。マラソンをしていた頃は、大会が終わるとすぐ、次の大会にエントリーしていました。こうすると練習せざるを得ません」

もう一つ重要なのは、「他の人を巻き込むこと」だという。

「例えば、マラソンは、加盟店のオーナーさんに誘われて始めたので、その人と一緒に練習をしていました。そうなると、自分から『やめる』とは言い出しにくいですよね（笑）。

そういう仲間を見つける意味でも、なんらかのコミュニティに属したほうがいい。今はネットでいくらでも見つかるはずです」

（ふみの・なおき）１９５９年、大阪府生まれ。80年、父親が創業した大阪王将食品（96年に大阪王将へ、２００２年にイートアンドへ社名変更）に入社。85年、大阪王将食品の代表取締役社長に就任。２０１７年６月、現職・代表取締役会長に就任。

40代を超えたら趣味を持ち、
そのコミュニティに
参加してみましょう。
仕事の幅が大きく広がります。

本質を捉えれば、どんな仕事でも成果を出せる

女性もキャリアアップを目指すのが当然になりつつある今、そのはしりとも言えるのが、40代で日本ＩＢＭ初の女性取締役となった内永ゆか子氏だ。そんな氏のキャリアは決して順風満帆だったわけではなく、30代半ばまではむしろ不遇の時代が続いていた。だが、その時代の経験が、40代以降の飛躍に大いに役立ったという。40代でより大きな仕事をするために必要な「思考の習慣」と、キャリアアップを目指す人へのアドバイスをうかがった。

Yukako Uchinaga

内永ゆか子

元日本 IBM 専務／ NPO 法人 J-Win 理事長

「女性だから」というハンデに苦しんだ30代

48歳で日本IBM初の女性取締役となり、専務まで勤め上げた内永ゆか子氏。IT業界で働く女性が少なかった時代にこれだけの昇進を果たした背景には何があったのか。

「私が30代後半になった頃、会社が女性を活用する方針を打ち出し、急にチャンスを与えられるようになったのです。それから40代前半にかけての5年間で、課長、部長、本部長、統括本部長と、一気にポジションが上がりました。周囲からは『日本IBM広しと言えど、これほど急にステップアップした人はいない』と言われました。ただ、それが決して褒め言葉でないことは、私もよく理解していました」

裏を返せば、30代後半に入るまではなかなかチャンスに恵まれなかったとい

――うことだ。女性というだけでハンデを負う時期が続いた。

「特に労働基準法による制限があった頃は、女性には夜遅くまでの残業が許されませんでした。だから周囲は、私は戦力にならないと見ていたのでしょう。所属部署が人を減らすときは、必ず私が対象になるのです。30代前半で、専門とする技術系とは畑違いのマーケティングの部署に異動させられました。異動先でも、知識や経験もないし、どうせ役に立たないと思われ、まともな仕事はなかった。私も突っ張って孤立してしまい、とうとう、うつ状態に陥ってしまいました」

自分が完全に納得してこそ、人を動かせる

――そんな内永氏にチャンスを与えてくれたのは、新たに着任した、当時、社内

――でも厳しいことで有名だった上司だ。

「その上司が、私にあるプロジェクトを任せてくれたのです。それに必死で取り組むうちに、自分の居場所を見つけられた気がして、何事も前向きに取り組めるようになりました。とはいえ、一人でプロジェクトを回すのは初めてで、右も左もわからない。そこで私は、必要な知識やノウハウを持っていそうな社内の人に片っ端から聞いてまわりました。そして、話を聞いて理解できないことがあれば、『なぜそうするのですか？』と徹底的に質問しました。私は完全に納得できないと動けない人間なので、質問攻めにしたのです。

それで気がついたのは、自分のしている仕事の本質を捉えている人は意外と少ないということ。たいていの人は、質問を繰り返すうちに『そういうものなんだ』とか『ずっとそうしてきたから』と答えたり、支離滅裂《しりめつれつ》な話になったりします。本質を捉えている人は、『なぜ？』を何度も繰り返しても、わかりやすく説明をしてくれました」

――この「本質を捉える」という思考の習慣が、管理職になってから、強力な武器になったと内永氏は話す。

「変化の激しい時代には、過去の成功体験にとらわれず、物事の本質を捉えることが不可欠です。前例を参考にするにしても、『なぜ、そのとき成功したのか？』を分析しなければ、今、そのまま同じことをしても成功しないでしょう。

部下を持つようになったときにも、ロジカルな思考が強みになりました。私自身が『なぜ？』を繰り返して納得したことを部下に伝えるので、ロジックがきちんと組み上がった、わかりやすい説明ができますし、説得力も出るのです。

私はグローバル企業で様々な国の人たちと仕事をしてきました。そして、世界共通の言葉はロジックだと確信しています。ロジックが正しければ、お互いの文化や背景が違っても、相手の性格がどうであっても、必ずわかってもらえるのです」

経営トップの補佐で学んだ「俯瞰」の重要性

40代前半のときにも、リーダーに必要な思考を学ぶ機会が巡ってきた。経営トップの補佐を命じられたのだ。

「経営幹部の仕事をそばで見て学んだのは、『物事の細部にとらわれるのではなく、俯瞰で全体像を捉えるのが重要だ』ということ。ビジネスをしていれば、『この商品の売上げが下がった』『あのお客様からクレームが来た』といった多種多様な事象が日々発生します。それらは互いに無関係に起こるわけではありません。背景に一つの大きな流れがあります。

そのためには、やはり『なぜ?』と考えることが必要。『この事象はなぜ起きたのか？』を考えると、他の事象との共通点や相関関係が見えてきます。

大きな流れが捉えられれば、新たな事象が発生したとき、それが流れの中でどういう意味を持つのかがすぐに理解でき、どう行動すべきか即断できます。また、一歩先の手を打つこともできます」

チャンスを捉えてチャレンジし、成果を出す

――ロジカルな思考ができるようになると、どんな場所でも成果を出すことができる。

「40代半ばのとき、1年間で4度も異動をしたことがあります。未経験の部門に、150~200人の部下を抱える部門長として着任するのです。でも、どこへ行ってもやることは同じでした。わからないことは相手が部下だろうと『なぜ?』と質問攻めにし、最初の1カ月でその部門の仕事の本質を捉える。2カ月目に仮説を立てて、3カ月目に実行して結果を出す。そして、次の部門へ異動する。その繰り返

しです。どの部門でも同じだとわかると、新しい場所へ移ることにいっさい抵抗がなくなりました。

成果が出せれば、誰かが必ず見てくれています。もし思うように出世できていなくても、周囲のことなど気にせず、目の前の仕事で成果を積み上げていけば、必ず認められるときが来ます」

――また、家庭や育児と仕事の両立に悩むことが多い40代の女性には、こんなエールを送る。

「大事なのは、『できない理由』を探さないこと。育児との両立は、日本だけでなく、世界中に共通する問題のはずです。先日訪れたノルウェーのワーキングマザーも、『お迎えのために夕方4時に退社しますが、夜は自宅で子供にお乳をあげながら電話会議に参加します』と当たり前のように話していました。

日本でも女性活躍の機運が高まり、大きな仕事を任されるチャンスが増えているのだから、『やればできる』と踏ん張ってほしい。そう願っています」

キャリアアップに尻込みをしてしまう女性には、次のようにエールを送る。

「今は追い風が吹いています。来たチャンスはすべて捉えて、成果を出し、ぜひキャリアアップしてほしい。キャリアアップすると、多くの人を動かし、大きな仕事ができるようになります。その醍醐味を、女性にも知ってほしいと思います」

希望しない仕事もキャリアアップには必要

希望する仕事やポジションが与えられないことに不満を持っている人もいるだろうが、内永氏は、それも必ずその後のキャリアにとってプラスになると言う。なぜなら、会社にとって人材は一番の宝であり、人事はその人が成長するために必要な経験を積ませるためのものだからだ。

内永氏自身も、若い頃は何度も、「こんな仕事がやりたい」と上司に訴えたが、聞き入れてもらえたことはほとんどないそうだ。それは「会社が私のキャリアを考えてのことだった」と今なら理解できると話す。

「あとになってから、当時の異動にはそれぞれ会社としてのミッションがあったのだと納得しました。ですから、たとえ意に沿わない仕事を与えられても、投げやりにならず、吸収できるものはすべて自分のものにするつもりで仕事をするべきでしょう」

（うちなが・ゆかこ）1946年、香川県生まれ。東京大学理学部物理学科卒業。71年、日本IBM入社。95年、同社で女性初の取締役に就任。2000年に常務取締役、04年に取締役専務執行役員に就任。その後、ベネッセホールディングス取締役副社長、ベルリッツコーポレーション代表取締役会長兼社長兼CEOなどを歴任。また、07年よりNPO法人J-Win（ジャパン・ウィメンズ・イノベイティブ・ネットワーク）の理事長として女性活躍推進を支援。著書に『もっと上手に働きなさい。』（ダイヤモンド社）など。

今は女性にも
キャリアアップの追い風が
吹いています。
チャンスを捉えて、
ぜひ大きな仕事を
してほしいと思います。

40代ブレイクの要因は「下手なプライド」を捨てること

テレビで見ない日はないほど大活躍中の大久保佳代子さん。彼女が大きくブレイクしたのは、ちょうど40歳を迎えた頃。約15年間、ＯＬと芸人の二重生活を送っていた末の、まさに「遅咲き」のブレイクだった。なぜ、15年間諦めずにチャレンジを続けられたのか。そして「40歳からのブレイク」の理由は何だったのか。その仕事に対する姿勢をうかがった。

Kayoko Ohkubo

大久保佳代子

オアシズ

「根拠のない自信」で芸人を諦めなかった

――22歳でデビューを飾るも、相方の光浦靖子さんだけが売れ、自分にはあまり仕事がなかった大久保さん。その頃をこう振り返る。

「デビュー直後の自分は、トーク力もなければキャラもできていなくて、明らかに実力不足でした。だから、光浦さんだけが売れても、『なんであいつだけ』とは思わなかったですね。仕方がない、と。

だから、まずは生活のために就職をして、お笑いライブに出たり、小劇場で演劇をしたり、自分のできることをしていました。

ただ、テレビはあまり見ないようにしていましたね。やっぱり、相方が活躍しているのを見るとモヤモヤするので」

――就職をすれば、芸能界は諦めるのが普通だろう。ところが、大久保さんには、引退する気はまるでなかった。

「まだ何もやっていないし、このままで終わるはずがない。そんな根拠のない自信を持っていたんです。

だから、『二足のわらじを履《は》いて苦労したね』とよく言われるのですが、全然そんなことはありませんでした。会社とお笑いとの両方に逃げ道があるから、むしろラクでしたよ」

求められたことを「尻軽」にやる

――最初の大きな転機が訪れたのは30歳のとき。相方の光浦さんが出演している

――番組『めちゃ×2イケてるッ!』にレギュラー出演が決まったのだ。

「本当にありがたいことに、一流の作家、一流のスタッフ、一流の演者にお膳立てをしてもらえる環境でした。『OLの大久保さん』というキャラを周りが作ってくれて、そのキャラに乗っかっていくうちに、徐々に他の仕事も増えていった、という感じです。だから、私のスキルが上がったから売れたというわけではなかったんです。お膳立てのない他の番組に出て、『やっぱり何もできない……』って思い知らされたりもしました。

そこで、出演する番組一つひとつを大切にして、かなりエネルギーをかけて臨みました。『この番組では、自分は何を求められているんだろう?』というのを、一生懸命探していましたね。

今、私を多く使っていただいているのは、求められていることを『尻軽』にやれるからなんだと思います。自分で言うのもなんですが（笑）」

――その姿勢は今も変わらない。若い女性タレントが共演する番組ではお局的な物言いをして、イケメンがいるときはセクハラ的な発言をする。何を求められているのかわからないときは、スタッフに尋ねることもある。

「本当に自分の実力がついてきたと思うのは40代になってから。仕事がまた一段と増えた、ここ数年です。経験が一番大事ですね。

もちろん、失敗はいまだにしますよ。うまくタイミングをつかめなかったり、トークがスベったり、とっさにうまく返せなかったりして、落ち込むことはあります。そんなときは、次の仕事で取り戻すしかありません。お酒は好きですけど、お酒では解消できません」

「プライドを気にする自分」を見苦しく思う自分

40代ともなるともう「ベテラン」だ。求められることに応えるばかりでは、不満が溜まったり、「これでいいのか?」と悩んだりしそうなものだが、大久保さんは「そうしたプライドは邪魔」と割り切る。

「たまに本当の自分がわからなくなることもありますね。本当の私は番組に出ているときほど毒を吐きませんし、思ったことも口にしません。物事への関心が薄いから、そもそも何も思わないくらいです(笑)。

嫌いでもない人に噛みついたり、男性に痴漢まがいのことをしたりするのがつらくなるときってあるんですよ。女性芸人なら。でも、私の場合は自分を客観視しているところがあって、『プライドが邪魔してそういうことができない自分って見苦しいな』と思うんです」

自分を客観視するという習慣は、会社勤めをしていた頃の経験と関係があるようだ。

「コールセンターでオペレーターの仕事をしていたので、時にはクレームを受けることもありました。

電話ですから、クレームを言ってくる相手に対して『申し訳ございません』と口では言っていても、そんな自分を引いて見ている自分もいる。会社員の方ならわかると思いますけど」

芸人として売れてくると、楽屋にスタッフや共演者がどんどん来るようになった。そんなときも自分を客観視して、「驕《おご》っちゃダメだな」と思ったそうだ。

「笑ってもらえるって、すごいことじゃないですか」

大久保さんは2010年に会社を辞め、13年に「最もブレイクした芸人」に選ばれた。41歳のときだ。

「30代よりも、40代になってからのほうが、バラエティー的には面白がられるようになりましたね。結婚もしていなくて、『黙れ、ババア』ってみんながイジりやすくなりましたから。

それに対して私も、『しょうがないじゃない、関節が痛いんだから』と、よりキャラが立った返しができるようになりました」

世間では弱点とされやすい年齢や独身であることなどをありのまま受け入れ、それを武器にする。だから、40代になって、その武器がますます力を増してきたのだろう。しかし、それはもともと自分が求めていたあり方なのだろうか。

「学生だったときに漫才ブームがあって、私はお笑いが大好きなんです。でも、『あの人みたいになりたい』とか、『こういう芸人になりたい』という目標みたいなものはありません。自分とはまったく違う存在として、清水ミチコさんへの憧れはありますが。

バラエティーでは、前のめりになって、『よし、これを言ってやる!』と思っているとスベることが多い。それよりも、流れに乗っかって、ヘラヘラとゆるく構えているほうがウケるんです。

同じように、目標を立てるのではなく、その場その場に対応していくのが、私にとっての成果を出す方法ですね」

――今は、日々、仕事に追われる生活だが、これから先も同じように自分が求められるのか、不安もあるという。だが、スタンスは変わらない。

「笑っている間って、幸せじゃないですか。笑って、『ああ、良い時間を過ごしたな』と思えば、明日から『頑張ろう』ってなると思うんですよ。そういう時間を与えられることって、すごいと思います。

下手なプライドは持たず、『このおばちゃん、いつもヘラヘラしてて楽しそう』と思われたりとか、『ダメなババアだな』って突っ込まれたりするような人になれたらいいですね」

――（おおくぼ・かよこ）1971年、愛知県生まれ。千葉大学卒業後、92年、お笑いコンビ「オアシズ」でデビュー。現在、数多くのバラエティー番組で活躍中。

自分に求められていることは
何だろうと考えて、
それを「尻軽」にこなしていく。
そういう仕事を心がけています。

「自分ならこうする」と主張する力で、キャリアを拓いていこう

報道にバラエティにと、数々の人気テレビ番組の「顔」として活躍する草野仁氏。元々はＮＨＫのアナウンサーとしてそのキャリアを出発させたが、実は決してアナウンサー志望ではなかったという。それでも地道にキャリアを積み重ね、自分のやりたい仕事に一歩一歩近づいていった。そんな草野氏のキャリアの大きなターニングポイントになった、40代の決断についてうかがった。

Hitoshi Kusano

草野 仁

TVキャスター

41歳で会社を辞めた意外な理由とは？

草野氏がアナウンサーとして勤めていたNHKを退職してフリーランスになったのは41歳のとき。草野氏といえば長寿番組『世界・ふしぎ発見！』（TBS）の司会者というイメージが強い人も多いだろうが、この番組の放送が始まったのはNHK退職の翌年だ。

草野氏にとって、40代はまさに飛躍の時期だと言えるだろう。しかし、そのキャリアは当初から意図していたものではなかったという。

「実は、NHKを退職してからのことは考えていなくて、いわば『ブチギレて』辞めただけなんです（笑）。月に一度、部会を行なっていたのですが、あるときの部会でアナウンス室長が『今後、アナウンス室は、報道局の方針にすべて従う』と言ったので、『それはないだろう！』と怒ったのです。どんな弱小組織でも、トップは自分たちの部下が不利益を被らないよう努めるべき。それなのに、あっさりと白旗を挙げるとは何事か、と思いました」

当時のＮＨＫでは、アナウンサーの仕事は記者が取材してきた情報を読み上げることが中心だった。日頃からそれに物足りなさを覚えていたところに、このアナウンス室長の発言があったのだ。

「そもそも、私はアナウンサーになりたくてＮＨＫの入局試験を受けたわけではありませんでした。報道記者を希望していたのに、アナウンサーとして採用されたのです。

それでもなんとか現場で取材をし、自分の言葉で表現をしたいと思っていた私は、先輩方の仕事を観察して、スポーツ担当なら、アナウンサーでも自ら現場に赴《おもむ》いて取材をする機会が多いことに気がつきました。そこで、スポーツを担当したいと手を挙げました」

最初の赴任地だった鹿児島県の甲子園予選の取材などをしながらスポーツ担当としての信頼を少しずつ積み重ね、福岡、大阪を経て東京へと異動。1984年にはロサンゼルスオリンピックのスタジオ総合司会を任されるまでになった。このように、戦略的に自らの道を切り拓いていただけに、アナウンス室長の言葉に納得がいかなかった。

「ただ伝えればいい」から「情報をサービスする」へ

あと先を考えずにNHKを飛び出してしまった草野氏だが、その後の活躍を支えたのもまた、この「おかしいものはおかしい」と主張する姿勢だった。

「NHKを退職してすぐ、TBSから朝の情報番組のMCの話をいただきました。

しばらく充電期間を置いたほうがいいのではないかとも思いましたが、このチャンスを逃すと次はないかもしれないと思い、引き受けることにしました。

ＴＢＳに行ってみると、ＮＨＫとまったく違うので驚きましたね。1分ごとの視聴率を出して、どの話題のときに上がった、下がった、という話をずっとしているのです。民放の視聴率競争の厳しさを肌で感じました」

――番組の視聴率は同時間帯で第2位と、まずまずの成績。しかし、第1位の『ズームイン!!　朝！』（日本テレビ）には大きく水をあけられていた。

「放送時間が重なっているので『ズームイン!!　朝！』を観る機会はなかなかなかったのですが、特番のためにこちらの放送がなかった日に観てみると、視聴率の差の原因がすぐにわかりました。

うちの番組では、毎回2局ずつ、地方局のアナウンサーが出演していました。話す内容は1カ月前に打ち合わせをして決めておいたものです。私はそれを当然のこととして受け入れていたのですが、『ズームイン!!　朝!』は違いました。毎日、それ以上の数のたくさんの放送局のアナウンサーが出演して、各地域の新鮮な情報を提供していたのです」

――このとき草野氏は、自らの目指すべき道を発見したという。

「それまでは、『情報は、正確にきちんと伝えれば、それでいい』と思っていました。しかし、実はそうではない。我々は『情報サービスマン』であり、そのサービスを徹底することが使命なのです。視聴者が知りたい新鮮な情報や出来事の核心を、目や耳に入れれば即座に理解できる言葉遣いや演出で伝えることが、我々の仕事なのだと気づかされました」

――残念ながら朝の情報番組の放送は90年に終了してしまったが、40代後半に入ってからキャスターを務めた日本テレビの情報番組『ザ・ワイド』で、草野

――氏は「情報サービスマン」としての使命を果たすべく全力を尽くした。

「キャスターという枠を超え、番組制作の中心となって、プロデューサーやディレクターとともにスタッフに細かく指示を出しました。特に事件モノに関しては、核心となるポイントを明確にして、『ここを重点的に取材するように』と取材班に指示していました」

――それが奏功して、放送開始2年目には先行していた『スーパーワイド』（TBS）を抜き、視聴率第1位に躍進した。

「きっかけは94年に起きたつくば母子殺害事件でした。他局が被害者の私生活を興味本位で取り扱う中、私たちは事件の実相に迫り、加害者が犯行に使ったロープを買った店を警察よりも先に特定できたのです。快挙でしたね」

その後も、松本サリン事件では国内の専門家の解説に満足できず、米国から化学兵器の専門家を呼んで意見を求め、「松本の事件はテスト。本当の標的は東京の閉鎖空間だ」というコメントを得るなど、草野氏は他番組にはない独自の視点で事件に切り込んだ。

神戸連続児童殺傷事件の取材で犯人に迫れなかったのは取材方法に問題があったからだと反省し、和歌山カレー事件では「まずは地域住民に顔を覚えてもらい、信用を得るように」と、マイクを持たずに取材することをリポーターに指示することまででした。

「『ザ・ワイド』では、情報サービスマンとして理想的な仕事ができたと思っています」

報道記者になりたいという当初の想いは、取材班に指示を出すという形で結実した。試行錯誤を経て、自らの望む仕事にたどり着いた草野氏。言われるままに仕事をするだけでは、決して思うようなキャリアは得られないということだろう。

言われたことをやるのがチームワークではない

テレビ番組は数多くの人たちが関わって制作されている。『ザ・ワイド』や『世界・ふしぎ発見!』では100人以上だ。会社組織と同じように、それぞれが担当する役割は決まっているが、納得がいかないことがあれば、組織の一メンバーとして、積極的に疑問や意見を表明すべきだと草野氏は言う。

「従来のやり方というものは、今まで続いてきたからには、正しい部分がかなりあるのだと思います。しかし、100%正しいわけではない。常に疑う姿勢を忘れてはいけません。

『自分ならどうする?』と考えて、『自分ならそうはしない』と思えば、上に対しても意見を具申すべきでしょう」

——逆に、自分がリーダーの立場にあるなら、メンバー全員に同じ方向を向いてもらえるよう、丁寧に説明をすることが不可欠だ。

「チームとして成果を出すには、明確な方針を打ち出すことと、それを周知することと、そしてメンバーのモチベーションを高めることが不可欠です。メンバーが積極的に仕事に臨めるように、コミュニケーションを密に取ることも大切。『世界・ふしぎ発見!』でも、スタッフ全員にこまめに声をかけて、励まし、ねぎらうことを心がけています。『ザ・ワイド』では、毎月、その月に最も頑張ったスタッフを表彰することもしていました。

「おかしいものはおかしい」と
はっきり言うこと。
その姿勢が、
40代以降のキャリアを
開いてくれるはずです。

自分がしたいこと、すべきことをはっきりと自覚し、それを実現するために、おかしいと思うことには『おかしい』と言うこと。そして、チームを動かすこと。それができれば、40代以降のキャリアで、きっと実りを得ることができると思います」

（くさの・ひとし）1944年、満州国新京（現中国吉林省長春市）生まれ。東京大学卒業後、67年にNHKに入局。鹿児島、福岡、大阪、東京でアナウンス室に勤務。85年にフリーに転身し、『ザ・ワイド』（日本テレビ）、『世界・ふしぎ発見！』（TBS）、『草野☆キッド』（テレビ朝日）など、幅広いジャンルで活躍。CMやドラマへの出演、執筆活動も行なう。著書に『話す力』（小学館新書）など。

私の
ターニング・ポイント
45
歳
Turning Point

木村 清

㈱喜代村代表取締役社長

人をうらまず、腐ることなく、今できることをしよう

『すしざんまい』を展開する㈱喜代村を創業し、社長として率い続けている木村清氏。2019年の豊洲市場でのマグロ初セリでは、史上最高値となる3億3360万円で落札したことでも話題になった。その波乱万丈の人生の中で、特に大きなターニング・ポイントとなったのは？

仲間に支えられ、45歳で再出発

ターニング・ポイントはいくつかありますが、その中の一つは『喜よ寿司』の開店でしょう。

バブルが崩壊したとき、私は多くの会社を経営していましたが、すべて黒字だったので何も心配していませんでした。百数十億円あった借入金も2年ほどで残り400万円くらいまで返済しました。優良貸出先だったはずです。

ところが、ある銀行から、「ブラックリストに載っていますよ」と言われたのです。まったく身に覚えがないので調べると、北海道拓殖銀行（拓銀／1997年に破綻）の裏切りにあっていました。

拓銀からの借入は手形貸しつけで、年に1回、手形の書き換えをしていました。ある日、仕事で海外にいると妻から「銀行の人から手形の書き換えのためにハンコを押してほしいと言われている」という電話がありました。私はいつものことだと思って了承したのですが、その書類に、小さく「一括返済」の記載があったのです。それを知った妻は涙を流しましたね。その涙を見て、「妻を泣かせてまで事業を続けるものじゃない」と思い、すべての事業を清算し、会社はそれぞれ独立してもらうことにしました。

そんなとき、事業を通じて知り合った仲間たちから誘われてゴルフに参加しました。プレーしていると妻から電話があったので出ると、一緒にゴルフをしている仲間から次々と私の銀行口座に振り込みがされているというではないですか。その場で彼らに尋ねると、「木村さん、マグロの夢があるじゃないか！　そのために使ってよ」と。持つべきものは仲間だと心から思いました。

彼らへのお礼の気持ちを示したいと思った私は、アイルランドにマグロを獲りに行きました。結局、２本しか獲れませんでしたが、応援してくれた仲間に振る舞いました。

仲間と妻の後押しのおかげで、もう一度事業を始める気になったとき、手元にあ

2001年4月オープンの『すしざんまい本店』に続いて、同年12月にオープンした『すしざんまい別館』にて。

ったのは３００万円。そのうちの２００万円を使って、築地にわずか10坪の『喜よ寿司』という寿司屋を開店しました。１９９７年、45歳のときです。

高品質で明朗会計。水産業で培《つちか》ってきた人脈とノウハウを活かした『喜よ寿司』はたちまち行列のできる人気店に。不景気のあおりでシャッター街になりつつあった築地の再生を頼まれるまでになりました。頼まれて開店したのが、日本初の24時間年中無休の寿司屋『すしざんまい本店』です。

今の私があるのは、挫折しても腐ら

なかったからでもあります。自衛隊在籍中、訓練中の事故で幼い頃からの夢であるパイロットの道を断たれるという大きな挫折を経験しました。そのときも腐らず、司法試験という次の目標を立てました。弁護士より水産の仕事のほうが稼げるとわかったので、弁護士にはなりませんでしたが（笑）。

うまくいかなくても、人をうらまず、今できることを一生懸命する。成功するためには、これが一番大切なことだと思います。

（きむら・きよし）１９５２年、千葉県生まれ。68年、中学校卒業後、航空自衛隊に入隊。74年、退官。中央大学（通信教育課程）に在学中、新洋商事にアルバイトとして勤務。79年、木村商店を創業。85年、喜代村設立。２００１年、『すしざんまい本店』を開店。

40代で必ずやっておくべきこと❺

仕事のストレスに、正面から向き合おう。

40代で必ずやっておくべきこと❻

趣味を再開しよう。

「仕事はストレスが溜まって当たり前」と思っていないだろうか。だが、ストレスによりいつも暗い顔をしていたら、いい人もいい仕事も寄ってこない。佐々木かをり氏が指摘するように、40代になったら自分なりの「ストレスマネジメント」の方法を見つけ出し、常にメンタルを平静に保つことが必須だ。

「趣味」は、その一助となるのはもちろんだが、単に気晴らしだけを目的とするものではない。文野直樹氏は40代で趣味に没頭したことで、新商品開発のヒントを得るなど、仕事そのものにも好影響が生まれたという。

そもそも、人生100年時代、趣味のない人生はあまりにも寂しい。誰しも子供の頃は何らかの趣味があったはず。それを再開してもいいし、まったく新しいものでもいい。40代ならまだ「一生モノの趣味」に出会えるはずだ。

第3部

人生100年時代を生き抜く「40代からのキャリア論」

人生後半に向けて、45歳で「モードチェンジ」しよう

平均寿命が男女共に80歳を超えた今、60歳で定年を迎えても、人生はまだ20年も30年もある。ここをどう過ごすかで、人生は大きく変わってくる。幸せな定年後を送るには、今から何をしておくべきか。生命保険会社勤務のかたわら執筆活動を続け、定年退職後も様々な分野で活躍する楠木新氏によれば、そのターニングポイントになる時期こそが40代、中でも45歳なのだという。詳しくうかがった。

Arata Kusunoki

楠木 新

神戸松蔭女子学院大学教授

定年まで成功し続けた人ほど危ない⁉

「定年はまだ先のこと。定年後の生活はそのとき考えればいい」。そう考える40代は少なくない。しかし、楠木氏は「定年してからでは遅い。充実した定年後を送りたいのなら、45歳頃から考えるべき」とアドバイスする。

「会社で成果を上げてきた人も、60歳で定年退職したら、その肩書はなんの役にも立ちません。定年後は『もう一人の自分』として生きていくことが必要です。もう一人の自分とは、会社員とは異なる顔を持ち、社会とつながりのある自分のこと。中年以降になっても自分を会社員の立場だけに押し込めるのは無理がある。そして理想は、『その活動によってなんらかの対価が得られること』。交通費でも寸志でもいいので、お金が得られるということは、社会とつながっている証左です」

――ただ、「もう一人の自分」を育てていないため苦しむ人は多い。その多くは、定年を迎えるまで、会社員であることだけに疑問を持たなかった人だ。

「会社人生の途中で病気やリストラなど不遇なことがあると、自分の生き方を真剣に見つめ直すのですが、そうした機会がないとそのまま突き進んで定年後に立ち往生してしまう。退職後に新たなことを始めようとしても、会社にいるときに比べて情報量や刺激が激減するので難しくなります。ですから、在職中に定年後の生き方を検討することが必要となるのです」

定年後の助けになるのは「子供の頃の自分」

――そして、その最も適切な時期こそが「45歳」なのだという。

「私は、人生には前半戦と後半戦がある、と考えています。前半戦は会社や顧客に役立つ自分を作り上げる時期。後半戦は老いや死を意識しながら組織との間合いを計り、自分のやりたいことを行動に移す時期だと考えています。その境目となるのが45歳くらいなのです。

45歳から考え始めれば、50歳までにはなんらかの方向性が見えてくるはず。定年を迎えるまでの10年間、新しい取り組みに挑戦できる。そうすれば定年時には、もう一人の自分を持つことができ、モードをチェンジできます。

人間はすぐには変われない。自分の立ち位置を変えるには、ある程度の時間がかかります」

「もう一人の自分」を確立するには、「子供の頃の自分を呼び戻す」といいという。

「私はこの10年間、多くの転身した中高年を取材してきましたが、子供の頃の思い

——熱中したことやコンプレックスのあったことに再び取り組んでいる人が少なくありません。

人は結局、子供の頃からあまり変わっていないのです。だから、純粋だった子供の頃に戻って、本来の自分を見つめ直せばよいということです。

会社員で物書きをしている私を周囲は『変わった奴』と見ていたのですが、中学時代の同級生は『お前は人から話を聞いて、それを誰かに伝えることが好きだった』と言うのです。

そう考えると、小さい頃に得意だったことを今もやっているだけのことかもしれません。彼に言われるまで気がつきませんでした。

同窓会に出てみるのも一つの手です。『君は〇〇が好きだったよね』『お前は〇〇ばかりしていたよな』などと、友人が自分も忘れていたような思い出話をしてくれる。そこからヒントが見つかることも少なくありません。また、同級生同士が一緒にボランティア活動に取り組んだりする例もあります」

鉄鋼会社の経験が「そば打ち」に応用できる？

——一方、今までやってきた仕事の延長線上で考えることも大切だ。

「新しいことを始めたがる人は多いのですが、やはりこれまで培《つちか》ってきたものを活かしたほうが、うまくいきやすい。自分の経験やノウハウが活かせる分野は、意外とたくさんあるものです。

私が取材した例では、鉄鋼会社の社員からそば打ち職人に転身した人。一見、全然異なる分野に移行しているようですが、職人肌という個性をうまく使っています。前職の仕事が活きているのです。

また、信用金庫の支店長からユーモアコンサルタントに転身した人がいるのですが、この人は、農協の金融分野の研修を数多く引き受けています。実務を理解したうえでユーモアに富んだ研修を行なうので、非常に好評だそうです」

――若い頃にしっかりと仕事をしていたかどうかが、定年後にも影響を与える。

「40歳までは、定年後のことなど考えず、目の前の仕事をしっかりすることをお勧めします。組織内で働くということは、ビジネススキルやコミュニケーション力などの社会人としての基礎力を高めるチャンスになる。この時期にどれだけの能力を身につけられるかで、中高年以降の選択肢の広がりが違ってきます」

「会社にいる」ことのメリットを享受しよう

――会社で働きながら、もう一人の自分を育てるのは大変に思えるが、むしろ会社にいることのメリットは大きいという。

「会社にいれば日々新たな出会いや刺激が得られる。しかも給料までもらえる。もう一人の自分を育てるうえで、こんなにありがたいことはありません」

――ただし注意したいのは、会社に甘えないことだ。本業をおろそかにしていると、会社での居場所がなくなることもある。

「大事なのは、仕事をないがしろにしないことと、直属の上司や周囲の仲間との関係を良好に保つこと。私は在職時代から執筆活動をしていましたが、本が売れたときやテレビに出たときも、会社では自分からは何も言いませんでした。『もう一人の自分』を着実に育てるためには、会社や一緒に働く同僚に対する気遣いは最低条件なのです」

（くすのき・あらた）1954年、兵庫県生まれ。79年、京都大学法学部卒業後、生命保険会社に入社。会社勤務のかたわら、「働く意味」「個人と組織」をテーマに取材や執筆、講演活動などに取り組む。2015年に定年退職。MBA（大阪府立大学大学院）。近著でベストセラーの『定年後』（中公新書）、『人事部は見ている。』（日経プレミアシリーズ）など、著書多数。

定年後は誰もが
「もう一人の自分」として
生きていくことになります。
その準備は40代から
始めるべきなのです。

40代からの
バーチャル・カンパニー
設立のススメ

「40歳定年制」を提唱し、注目を浴びている経済学者・柳川範之氏。ただ、その意図は「40歳でクビにしろ」ということではなく、「40歳になったらスキルの棚卸しをして、それから先のキャリアを考え直そう」ということだ。今の働き方に疑問や不安を感じている人はもちろん、満足している人にも欠かせないことだという。ではなぜ、40代でスキルの棚卸しをし、新しいキャリアを考えるべきなのだろうか。その理由についてうかがった。

Noriyuki Yanagawa

柳川範之

東京大学大学院経済学研究科教授

忙しい40代のうちにこそ、キャリアを見直すべき

40代くらいになると、「このまま定年まで働き続けていいのだろうか?」という疑問が頭をもたげてくる。しかし、その疑問を漠然としたまま放置し、自分をごまかしながら働いている人がほとんどだろう。それでは充実したビジネスパーソン人生は送れない。「40歳定年制」を提唱する柳川範之氏も、「このまま定年まで働き続けることはできない」という前提で、これからのキャリアを考えるべきだと話す。

「今や、自分が定年を迎えるまで会社がそのまま存続しているとは限らない時代です。たとえ定年を無事に迎えられたとしても、その頃には仕事の内容が変わっている可能性が高い。そのうえ、定年でリタイアするとは限りません。実際、多くのビジネスパーソンが定年後に再就職を選び、70歳くらいまで元気に働いています。

つまり、一つの仕事だけをしてキャリアを終えられるビジネスパーソンはほとんどいないということ。転職をしないとしても、遅くとも定年を迎えた際には、新しい働き方を真剣に考えざるを得なくなります。今まで通りの働き方を一生続けることはできない、と考えておくべき時代なのです」

――そして柳川氏は、働き方を考え直す時期として、40代は最適なのだと話す。

「50代になったらもう遅い、というような話ではないのですが、40代なら、その後約30年もビジネスパーソン人生が残されているからです。昔なら一生ぶんの働く時間がある。人生をやり直して、自分のやりたいことをやるための時間が十分に残されているのです」

――一方で、40代は仕事でもプライベートでも忙しい時期でもある。これからの働き方について真剣に考える暇などない、というのが実際のところだろう。

しかし、わずかでもいいから時間を作り、働き方を考え直すべきだという。

「40代は会社員として一番脂が乗っている時期。バリバリ働いて忙しいけれども、社内に中堅層としてのポジションをしっかりと持てます。しかも住宅ローンや子育てでお金がかかる時期でもあるので、転職のリスクを取ろうとは考えにくい。だから将来のことを真剣に考える気にならない。『40代は会社のために働いて、50歳くらいから、その後のキャリアを考えればいいだろう』と思うのが普通でしょう。

しかし、50代になったら、もう会社に居場所がなくなっているかもしれません。それから慌ててその後のキャリアについて考えるのでは遅いのです。忙しく仕事をしているうちにこそ、準備をしておかなければなりません」

まず、始めるべきは「スキルの棚卸し」

――では、「準備」とは具体的に何をすればいいのか？　柳川氏は、まずは「考えること」だけを始めればいいという。

「すぐに会社を辞めるとか、転職活動を始めるとかということでは、もちろんありません。まずやるべきことは、自分の持っている『スキルの棚卸《たなおろ》し』をすること。自分はどんなスキルを持っていて、社外でも通用するのかどうか。それを客観的に整理することが一番大切です。

40代まで仕事をしてきたビジネスパーソンなら、ほとんどの人はそれなりのスキルや技術を持っているはずです。ただ、それが社外でどう活かせるのか考えたことがなく、整理できていないのが問題。だから、まずは棚卸しをするべきなのです」

――とはいえ、自分のスキルを客観的に評価するのは難しいものだ。

「そのためには、まず、頭の中でシミュレーションをしてみるといいでしょう。例えば営業マンなら、『うちはメーカーだけど、サービス業の会社に移ったとしたら、どんな営業ができるだろうか？』と想像してみるのです。このような意識を持つだけでも、気がつくことが多くあるはずです」

――もちろん、実際に他の人の視点を借りることも有効だ。

「社外の仲間、例えば学生時代の同級生と話す場を持つ。そして『相手が自分の会社に入ってきたら何ができるだろうか？』『何が足りないだろうか？』を話し合うのです。飲み会やSNSでのやり取りといった場で、気軽にやればいいと思います」

遊び感覚で自分のキャリアを見直そう

――さらに、より明確に、しかも楽しく自分のスキルを見極める方法として柳川

――氏が勧めるのが「バーチャル・カンパニー」を作ることだ。

「意見交換できる仲間ができたら、今度はその仲間で架空の会社を作ってみる。それがバーチャル・カンパニーです。『自分たちで会社をやるとしたらどんな事業をするか？』『自分はどの業務を担当するか？』『他に必要な人材はいるか？』……といったことを、みんなで考えるのです。

本当にビジネスをやるわけではないので、事業内容は夢のような絵空事でもかまいません。ただし、具体的に想像すること。『経理は誰がやる？』『この事業内容だと英文の契約書を作れる人が必要だな』などと具体的に想像を広げていくことで、自分にはどんなスキルがあり、何が欠けているのかが、明確に見えてきます」

――ポイントは、日々の業務にまで落とし込んで、「自分にはどこまでできるか？」を考えることだ。

「ここまでやると、自分が本当に持っていると言えるスキルは何か、欠けている能力は何かがわかります。このレベルまでスキルを棚卸しできていれば、本当に転職や再就職をすることになっても、また、今勤めている会社の中で自分の仕事の幅を広げるためにも、役に立ちます」

——この方法なら費用もかからない。仕事の気晴らしも兼ねて、寝る前の5分間だけでもいいので、夢の会社を想像すればいい。

「これから先、ビジネス環境がどう変化するかを正確に予測することはできません。ですから、『このスキルを身につけておけば間違いない』と言えるスキルはない。強いて挙げれば、『環境が変わったときに、その新しい環境に対応した新しいスキルを身につけられる能力』でしょう。身につけるべきは、個別のスキルではなく、環境の変化に対応できる能力なのです。

この能力を鍛えるうえでも、自分のスキルを客観的に捉える習慣を持つことが効果的です。いざ環境が変わったとき、自分に足りていないスキルを明確に把握して、『じゃあ、それを勉強しよう』という発想ができるようになりますから。まだ切羽詰《せっぱつ》まっていない40代のうちに、遊び感覚で楽しく想像力を働かせて、環境の変化に対応する訓練をしておくといいと思います」

――今は変化が激しい時代だけに、ビジネスパーソンにはスキルアップが必須。問題は、どんなスキルを身につけるかだ。柳川氏は「斜め展開」を勧める。

「再就職では、元いた会社より規模の小さな会社に移ることが一般的です。すると、それまでよりも広い範囲の仕事を任されることになります。

営業一筋でやってきた人が『数字の管理もやってほしい』『経理までやってほしい』と言われるようなことが起きるわけです。ですから、自分の仕事の単なる延長線上にあるわけではないけれども、関係はある、という仕事もできるように、スキルを『斜め展開』しておくこと。すると転職や再就職の選択肢が広がります」

一方で、この先30～40年働くことを考えれば、学校に通ったり、通信講座を受けたりして、今の仕事とはまったく関係のないスキルを身につけるのも手だ。

「『この歳で』と思うかもしれませんが、今の40代はまだ若い。特に今の仕事に限界を感じている人は、『もし20代だったらどうする？』と考えてみるのもいいでしょう」

（やながわ・のりゆき）1963年、埼玉県生まれ。83年、大学入学資格検定試験合格。88年、慶應義塾大学経済学部通信教育課程卒業。93年、東京大学大学院経済学研究科博士課程修了。93年、慶應義塾大学経済学部専任講師。96年、東京大学大学院経済学研究科助教授。2007年、制度変更により同准教授。11年より現職。『40歳からの会社に頼らない働き方』（ちくま新書）など著書多数。

一つの仕事だけをしてキャリアを
終えられるビジネスパーソンは
今やほとんどいない。
だからこそ、『スキルの棚卸し』が
必要なのです。

「数字を読む力」と「全体を読む力」で広い視野を手にしよう

ヘッドハンターとして国際的に活躍してきた橘・フクシマ・咲江氏。世界の人材に精通した氏によれば、これからの40代は、働き方が大きく変化する時代に対応することが求められるという。そして、それは女性にとってはチャンスになるとも。では、これからの働き方はどう変わっていくのか。そして、そのためにはどんなスキルを身につければいいのか。自身の体験も踏まえてうかがった。

Sakie T. Fukushima

橘・フクシマ・咲江

G&S Global Advisors Inc. 代表取締役社長

「働き方の大変革」は、女性にとってはチャンス

世界最大級のエグゼクティブサーチ会社であるコーン・フェリー・インターナショナルにおいて長年アジア圏トップの業績を上げた橘・フクシマ・咲江氏。米「ビジネスウィーク」誌で「世界で最も影響力のあるヘッドハンター一〇〇人」に唯一の日本人として選ばれた人材のプロである。

フクシマ氏は、ビジネスパーソンがこれからのキャリアを考えるうえでは、まず大前提となる「働き方」そのものの変化への対応が必須になると指摘する。

「向こう10年で、『働き方』自体が大きく変化するでしょう。AI、IoT、シェアリングエコノミーなどの発展は、雇用のありようを大きく変えるはずです。そこに順応できるかどうかが、重要な岐路となります」

現在、大多数のビジネスパーソンは組織に属する「所有」ベースの働き方をしているが、今後は各人の専門性を様々な拠点で「共有」する雇用形態が発達するという。

「例えば、専門性の高い仕事を複数の企業と契約して請け負う個人事業主『インディペンデント・コントラクター』。あるいは組織に属しながら専門性を高めて『企業内プロ』となる道もありますし、そうした人が兼業で複数の組織と仕事をする、という選択肢も。多様な働き方の中から、自分に合う形態を選ぶ時代が来ようとしています」

出産や育児等、ライフイベントの影響を受けやすい女性にとって、この変化は好機でもある。

「プロとしての能力があれば、組織内外でも、時間的・空間的拘束《こうそく》が少ない就業形態が選べます。企業内プロとして上を目指すもよし、兼業するもよし。いずれにせよ、自分の市場価値を高める努力が不可欠です」

40代に必須の二つの「読む力」とは？

そうした変革の時期にあって、40代のうちに身につけておくべきスキルや能力とはどういったものか。
フクシマ氏は、ある領域の専門性に加えて、「全体を読む力」と「数字を読む力」との二つを挙げる。「全体を読む力」については、40代の今こそ身につけるチャンスだと語る。

「社会人となって20年、すでに複数の部署の経験者がほとんどでしょう。しかし、それらの各部署のことは熟知していても、会社全体がどういう組織体系になっているのかを社長の代わりに外部に説明できるでしょうか。ビジョンは、事業戦略は、競合との差は、業界での立ち位置は。それらを踏まえ、自社のバリューチェーンを社長の視点から投資家に説明できるぐらい把握することが大切です」

——商品開発から販売に至るまでの自社のバリューチェーンを知り、自社の市場での立ち位置を知ることで、自分の仕事の位置づけが認識できる。すると、日々こなしているタスクの意味も理解できる。

「社長だったらとの意識を持って仕事をするか、ただ漫然とタスクをこなすかでは、数年で、歴然たる差が出ます。

自分の仕事がどこにつながっているかわかっている人は、その受け手にとっていかに便利な形でそれを提供するかを考えられるからです」

——それは相手の立場を考える力であり、そのニーズをつかんで先取りするシミュレーションの能力でもある。フクシマ氏自身がキャリアの中で日々実践してきたことでもあるという。

「クライアントに必要な情報を求められる前に提供する。米国本社の取締役のときには、社外取締役への自社の説明では、その人の共感可能な事例で説明する。部下には、『当事者ならどうするか』を考えるようにアドバイスをするなど、様々な場面でこれを実践してきました。こうしたスキルは、どのような就労形態で働くかにかかわらず必ず役立つものです」

加えて、「数字を読む力」は不可欠だとのこと。

「数字、すなわち事業規模や部門ごとの業績（P&L、財務諸表）、そのバランスなどを読む力は、主導的立場に立つ人に不可欠です。

管理職を経験していないと数字が苦手という人もいるかもしれませんが、社長になったつもりで、意識して会社の数字を見るようにすれば、大きく可能性が広がるでしょう」

人生最大の転機となった「40代での挑戦」

――フクシマ氏自身は、こうしたスキルをどのように身につけてきたのか。キャリアの最大の転機は、40代にあった。

「最初に就いた仕事は、ハーバード大学の日本語教師でした。この頃は教師を一生の仕事とするつもりでいたのですが、知人の紹介を受けて、32歳でコンサルティングの道へ進むことになりました。ビジネスはまったく未経験の世界への挑戦でしたが、大変刺激的でした」

その後、スタンフォード大学でMBAを取得。ベイン&カンパニーを経て、40代でコーン・フェリーへの転職という選択をする。

「当時はまだ、ヘッドハンティングという仕事が今ほど一般的に知られていなかったこともあり、不安ももちろんありました。しかし、20代、30代での経験の積み重ねが、ここで役立ちました。

クライアントが望むことは何かを常に先回りして考え、問い合わせがありそうな事項は先立って知らせ、日本のビジネス事情に不慣れな海外のクライアントには、日本特有の状況をお教えすることも心がけました。日本語教師やコンサルタントとしての仕事で学んだことを活かせたと思います」

管理職になることで開ける視野がある

世界的に活躍するビジネスウーマンの先駆者でもあるフクシマ氏だが、これからはますます性別を問わずに能力を発揮できる時代になっていくと予測する。

「女性だから、男性だから、といった区分けや国籍等はその人のすべてではなく、個性の一部に過ぎません。ダイバーシティが浸透するにつれ、問われるのは多様な個性を持ったその人の能力になっていくと思います」

様々な理由から、管理職になるのをためらう女性はまだまだ多い。しかし、男女問わずリーダー的な立場を目指してほしいと話す。

「私自身も、社長就任を要請された際は、現場の仕事から離れがたく、ためらう気持ちがありました。しかし実際にトップになり、『全体と数字を見る』ことを責任者として経験したとき、さらに多くの視野が開けました。上に立って初めて見えること、知ることができることがあるので、ぜひ積極的にチャレンジしてほしいと思います」

（たちばな・ふくしま・さきえ）１９４９年、千葉県生まれ。ハーバード大学教育学大学院及びスタンフォード大学経営学大学院修士課程修了。ベイン・アンド・カンパニーを経て、91年にコーン・フェリー・インターナショナルに入社、エグゼクティブサーチ・コンサルタントとなる。２０００年に日本支社長、09年より会長。１９９５年から２００７年まで米国本社取締役を兼務。10年より現職。花王、ソニー等数々の企業の社外取締役を歴任。経済同友会副代表幹事も務めた。著書に、『世界のリーダーに学んだ自分の考えの正しい伝え方』（ＰＨＰビジネス新書）などがある。

管理職になりたくないという
女性もいるかもしれませんが、
なってみれば
多くの視野が広がります。

優れたリーダーになる条件は「仕事を手放す」こと

38歳で外資系コンサルティング会社社長に就任、40代ではカルチュア・コンビニエンス・クラブ代表取締役COOなどを歴任した柴田励司氏。そんな柴田氏だったが、40歳で過労によって倒れたことにより働き方を大きく変え、結果的にそれが飛躍のきっかけになったという。そんな氏の体験から得られた「仕事を手放すことの重要性」と、40代以上のビジネスパーソンが磨くべき「2種類のスキル」とは？

Reiji Shibata

柴田励司

㈱Indigo Blue 代表取締役会長

チームで成果を出すことを考えよう

――38歳の若さで、外資系コンサルティング会社の日本法人社長に就任した柴田励司氏。その立場のまま迎えた40代は、自身の働き方や生き方を大きく転換した時期だったと振り返る。

「私は40歳のとき、過労で倒れました。30代で社長になったため、自分より年上の人や経験が長い人からも認めてもらうには誰よりもたくさん働くしかないと考え、過剰なハードワークを続けたことが原因でした。

幸い後遺症もなく、仕事に復帰することができましたが、この経験から『若い頃のように勢いだけで突っ走っていてはダメだ』と痛感しました」

――40代は、周囲の人との向き合い方を変えなくてはいけない時期でもある。

「40歳の頃の私は、社員のほぼ全員からノーを突きつけられるほど、ダメダメな社長でした。『瞬間湯わかし器』とあだ名がつくくらい怒りっぽく、『とにかく言う通りにしろ』というタイプ。だから、社員もたくさん辞めていきました。そうやって痛い目を見た末に、『自分を見直すべきだ』と悟ったのです。

そして自らを変えるため、まずは二つのことを実践しようと決めました。一つは、メールに率先して返信しないこと。以前の私は、『To：役員各位』などの同報メールでも、誰よりも早く返信し、自分がすべてを掌握しないと気が済まなかったのです。しかしこれでは、周囲の人たちが『どうせ柴田さんがやるだろう』と考えて、常に上からの指示待ち状態になる。その結果、チームの仕事も停滞すると気づきました。

もう一つは、余計な会議に出ないこと。呼ばれもしない会議にまで乗り込んでいって、場を仕切るのはやめました。

こうして私が『やらないこと』を増やせば、それは周囲の誰かがやることになる。それでいいのです。若手の頃は、自分がパフォーマンスを出すことに集中すればいい。でもリーダーや管理職になれば、『周囲の人をいかに動かし、チームとして成果を出すか』を考えるべきです」

自分が仕事を手放せば、管理職として評価される

——周囲に仕事を任せてみると、様々なメリットがあることに気づいたという。

「重要なプレゼンの提案書も、思い切って部下に作成を任せたら、私とは違う芸風のアウトプットが出て、しかも私一人で考えるより良いものが出来上がった。部下が自分でやるしかない状況を作ったからこそ、上司の私にはない個性やアイデアを発揮できるようになったのです。仕事を任せれば、必ず人は育つということです。

部下が成長すれば、上司の自分もラクになる。しかも『あの人の下では優秀な人

材が育つ』と評判になり、リーダーや管理職としての評価も上がります。上司が仕事を手放せば、自分にもいいことがあるんですよ」

「特定スキル」だけに依存していないか？

人事組織の専門家である柴田氏は、企業の幹部候補や管理職を対象に研修をすることも多い。そこで目の当たりにするのが、必要なスキルやマインドが身につかないまま、40代を迎える人が多いという現実だ。

「働く人のパフォーマンスは、『特定スキル』『ポータブルスキル』『心の持ちよう』の三層から成り立っています。

特定スキルとは、特定の会社や組織で仕事をするために必要なスキル。ポータブルスキルとは、どんな会社や業界、職種でも必要となるスキルです。心の持ちようとは、人間性や人としての器だと考えてください。

20代のうちは、会社で与えられた仕事を一生懸命やって、特定スキルを身につければいい。しかし、30代から40代は、意識してポータブルスキルを鍛える必要がある。さらに40代から50代は、心の持ちようが伴わなくてはいけません。

ところが、大企業で出世してきた人ほど、ポータブルスキルが身についていない。組織が大きいと、個人がやることもマニュアルやフォーマットで細かく決められ、言われた通りにやれば仕事をこなせるからです。

しかし今は、大企業でも、組織の統廃合やリストラが行なわれる可能性はある。そのとき、特定スキルに依存している人は、行き場を失うことになります」

部下と話をするときに、相手の顔を見ているか

――代表的なポータブルスキルとは、次のようなものだ。

「議論をまとめ、納得させるファシリテーションスキル。相手の表情を読み、表情で語るスキル。聞き手を惹き込むプレゼンテーションスキル。わかりやすい文章や資料を作るスキル。情報を整理し、構造化するスキル。

最低限この五つが身につけば、どこでも仕事ができます。

これらのスキル自体は基礎的なものであり、適切なトレーニングをすれば、誰でもできるようになります。例えば『相手の表情を読む』も、高度な読心術を学べと言っているのではなく、『相手の顔を見て会話する』という基本的なことをやればいいだけ。でも実際は、報告する部下の顔を見ずに、資料ばかり見ている上司がいかに多いか。

プレゼンテーションのスキルにしても、『1分間で自分の考えをスピーチしてください』と言われると、何をどう話していいかわからず、しどろもどろになってしまう。心当たりがある人は、大至急ポータブルスキルを磨く訓練をすべきです」

「五つの心の持ちよう」が40代以降の成長の鍵

――加えて「心の持ちよう」が、40代以降も自分を伸ばしていけるかどうかに大きく影響する。

「私がいつも勧めているのは、五つの心の持ちようです。一つ目は、自分の心に素直に動く。もし職場のゴミ箱がいっぱいになっていたら、『自分は今忙しい』『これは若手がやるべきだ』などと言い訳せず、素直に自分がゴミを捨てればいい。自分がやらないことを正当化する人は、『ポータブルスキルを身につけましょう』と言われても、やはり同じように言い訳して、結局やらないまま終わるでしょう。

二つ目は、自分以外はすべて『師』と考える。よく店員やタクシーの運転手に横柄な態度をとる人がいますが、どんな場面や相手からでも必ず学ぶことがあると考える謙虚さを持つべきです」

――三つ目は、「執着ではなく執念」。自分の考えに執着するより、目的のためになんでもするという執念を持つべきということだ。

「執着が強い人は、意見が異なる相手を論破しようとします。しかしチームとして良いものを生み出すためなら、たとえ大嫌いな相手の意見でも取り入れようとする執念を持てる人こそ、器が大きいと言えます。

四つ目は、理と情のバランスをとる。人とのコミュニケーションでは、理より前に情が来る。最初に相手を『好きだな』と思えれば、その後の説明が多少合理性に欠けても許せるもの。逆に、完璧に筋の通った説明でも、相手との信頼関係がなければ納得してもらえません。

五つ目は、レジリエンス。『折れない心』や『へこたれない心』を意味します。

落ち込むことやうまくいかないことがあっても、すぐ立ち直れる人なら何度でもやり直せるし、成長できます」

人生後半には、「人とのつながり」が重要になる

――50代を迎えた今、柴田氏は「40代の過ごし方が、以降の人生を決める」と実感している。

「私が40代でやってよかったと思うのは、人脈作り。これは単なる名刺集めではなく、何かあったときに、電話一本でお願いごとや相談をし合える人をどれだけ作れるかという意味です。

そのために実践しているのが、自分の知り合い同士をつなげること。『あの人とあの人を会わせたら面白そうだな』と思ったら、すぐ紹介します。ここで『この人

40代からは「やらないこと」を
決めるのが重要。
仕事を手放すことで
周りの人も成長し、
自分もラクになれるのです。

脈を営業に役立てよう』などとは考えない。すると、利害関係のない純粋な人と人とのつながりが広がり、それが今では私の大きな財産となって、ハッピーな50代を送っています。

今後は、70歳まで働くのが当たり前の時代になるでしょう。つまり40代は、長い人生の通過点に過ぎない。50代や60代が楽しくなるか、それともつらくなるかは、この10年の過ごし方次第。だから今こそいったん立ち止まり、自分の棚卸《たなおろ》しをして、足りないものを身につけてもらいたいと思います」

（しばた・れいじ）1962年、東京都生まれ。上智大学英文学科卒業後、京王プラザホテル入社。95年、マーサー・ヒューマン・リソース・コンサルティング（現・マーサージャパン）入社。2000年、同社日本法人代表取締役社長に就任。07年に退社後、キャドセンター代表取締役社長、カルチュア・コンビニエンス・クラブ代表取締役COOなどを歴任。10年、ＩｎｄｉｇｏＢｌｕｅを設立。『優秀なプレーヤーは、なぜ優秀なマネージャーになれないのか？』（クロスメディア・パブリッシング）など、著書多数。

私の
ターニング・ポイント
42歳
Turning Point

田原総一朗

ジャーナリスト

〝知りたい〟欲求はすべての原動力 好奇心を持って考え続けよう

ジャーナリストとして活躍し続ける田原総一朗氏。その「ターニングポイント」となったのは、42歳のとき。当時勤めていた東京12チャンネルを退職し、フリーとなるきっかけとなった事件について語ってもらった。

42歳で退職、そして新たなる道へ

「会社を辞めるか、連載を辞めるか。早急に選ばなければ会社は強硬手段を取らざるを得ない」。当時勤めていたテレビ東京（当時、東京12チャンネル）の社長室長は私に選択を迫りました。

事の発端は、私が雑誌『展望』（筑摩書房）で連載していた「原子力戦争」。これに、大手広告代理店が圧力をかけてきました。「連載を中止しなければ、テレビ東京にスポンサーをつけない」。その代理店が原子力推進の広報活動をしていることを暴露した内容が問題となったのです。

会社も連載も辞める気はなかった私は曖昧《あいまい》な態度を取っていました。すると、上司である局長と部長が譴責《けんせき》処分に。自由な活動を許してくれた会社でしたが、今回ばかりはダメかと覚悟しました。思い返すと本当によくここまで自由にやらせてくれたものです――。

「テレビ東京は〝テレビ番外地〟。誰もまともに見ない」。開局当時、世間からそう評価されていました。他局に対抗するためにはヤバい番組を作るしかない。ディレクターだった私は誰も撮らないテーマにあえて挑むドキュメンタリーを制作しました。面白そうだと思えば、マフィアが集う酒場を取材したり、刑務所の盗撮など法律すれすれの仕事もしました。しかし、会社は黙認してくれました。私の活動が会社の利益につながると考えたのでしょう。何度か干《ほ》されはしましたが（笑）。

例えば、NHKのディレクター・龍村仁氏の不当解雇を扱った番組を制作した際も干されました。フィルムはNHKからの圧力で、お蔵入りになりました。加えて、報道局から制作局への異動です。異動してからは興味の湧く仕事もなく暇だったので、雑誌連載を始めました。これが「原子力戦争」です。

当時、原子力船「むつ」が放射線漏れを起こしながら漂流するという事件がありました。それを巡る原子力賛成派と反対派の報道に対し、私は疑問を覚えていました。賛成派も反対派も筋の通らない理屈を基に議論を展開していたのです。なぜ両

東京12チャンネル退職後、仕事場にて。当時、本人いわく「身体が反乱を起こして」体調を崩すも、無理せず楽しむことで危機を乗り越える。

者の意見は噛み合わないのか、そこにはどんな思惑が隠れているのかを知りたい。取材していくと両者は同じ書籍を根拠としながらも、自分の立場に都合の良いデータだけを抜き取り主張するだけで、意見は平行線のままです。

本来、取材は何が起きているのかを知りたいという好奇心が先にあるはず。結論ありきの報道は「〜べきだ」というキャンペーンと変わりません。報道とは、予断を持たずに取材をし、最終的にある種の結論に近い答えを導き出すものだと考えています。私は原子力推進派の内部まで取材し、考えた末に、反原子力を主張する立場をとりました。

結果は前述の通り、退職せざるを得ない状況に追い込まれました。42歳のときでした。決心がついたのは、雑誌から連載のオファーがあったからです。

振り返るとテレビ番外地で好きなことをやっていたからこそ、ジャーナリストとして必要な「人や事件と徹底的に向き合う取材力」を培《つちか》えました。だから、フリーになっても、この歳まで現役でやれている。今もテレビ東京はわが青春の場所として感謝しています。

（たはら・そういちろう）１９３４年、滋賀県彦根市生まれ。早稲田大学文学部を卒業後、岩波映画製作所へ入社。東京12チャンネル（現テレビ東京）ディレクターを経て、77年、フリージャーナリストに。テレビ出演や出版活動など、80歳を超えた今でも精力的に活動を続ける。

40代で必ずやっておくべきこと❼

一度本気で「転職」を考えてみよう。

40代で必ずやっておくべきこと❽

自分の仕事を思い切って手放そう。

「40歳定年制」を提唱する柳川範之氏だが、その趣旨は「誰もが一度、自分のキャリアを見直す機会を持つべきだ」ということだ。実際に転職をするか、しないかは別にして、自分のスキルを見直してみる。そうして見えてくる自分の強みもあるだろうし、足りないものは補えばいい。「いつでも転職できる自分」になれれば、キャリアの可能性は大きく開ける。

一方で、ぜひ考えてみてほしいのが「自分の仕事を手放す」勇気だ。特に優秀なプレイヤーであった人ほど、部下の仕事に満足できず、自分でついやってしまいがちだ。だが、仕事を任せなければ、人は成長しない。思い切って仕事を手放すことでチームとしての成果も上がり、仕事以外の「自分の時間」も増えることだろう。

分析編

40代が「くすぶり感」を抱え続ける理由とは?

豊田義博
リクルートワークス研究所特任研究員

「今の40代」とはどのような世代なのだろうか? よく言われるのは、「氷河期世代」や「貧乏くじ世代」などの不遇な世代ということだ。しかし実は、40代の中でも前半と後半ではだいぶ違う世代になるという。キャリア研究の第一人者である豊田義博氏に分析していただいた。

今の40代は「一番損した世代」!?

今の40代は、1969年から78年生まれの人たちです。この世代は、69年から70年生まれの最後のバブル世代と、バブル経済の恩恵にあずからなかった団塊ジュニアが混在した世代と言えます。

ターニングポイントは、1991年です。それまでの日本の経済成長の勢いがパタリと止まったのが、その年でした。

リクルートが毎年発表している大卒の求人倍率調査でもそれは明らかで、求人倍率は91年が最も高く、その後、急降下しています。就職がどんどん厳しくなっていく転換期に、40代の人たちは社会人デビューしていったのです。

特に、70年代初頭に生まれた人たちは、大学時代の先輩がいい会社に就職していくのを目の当たりにしながら、自分たちの番になると環境が激変して、就職の機会が激減している。そんな落差をリアルに体験し、極端な言い方をすれば「一番損している感覚」が強い世代かもしれません。

「会社には頼れない」スペシャリスト志向が登場

仕事に対する意識も、40代はその上の世代とは異なります。

今の50代が社会に出た頃は、日本経済の成長とともに会社も成長していった時代でした。

年功序列の会社組織の中で、人々は「いつかは役員になれるかも」と期待を抱きながら猛烈に働きました。自分の意に添わぬ配属や異動にあっても、会社に属していれば将来は安泰と考え、ゼネラリストとして働いたのが50代の特徴です。

それに対して、40代が社会に出た1990年代は、山一證券や北海道拓殖銀行の破たんに代表されるように、企業の倒産やリストラに揺れた時代でした。

今の40代の人たちは、多感な20代の頃にそれらを目撃し、「会社に頼ってはいられない」と危機感を覚えた最初の世代です。

また、上の世代のように、皆が部長・課長になれる時代も終わりました。自分で専門性やスキルを身につけて、スペシャリストとして社内で生き残るか、あるいは転職してキャリアアップを目指そうという意識が強まっていったのです。

実際、転職はそれ以前の世代と比べて確実に増えています。

また、外資系企業が国内での存在感を強め、新卒採用や中途採用を増やしていったのもこの時期です。

90年代は、外資系企業への就職が一つのステータスとなった時代でもありました。

「キャリアアップ」や「勝ち組・負け組」という言葉が生まれたことからもわかるように、「キャリアアップして年収を上げたい」、「同期よりも早く昇進したい」など、上昇志向や他者比較傾向が強いのもこの世代の特徴です。

一方、その下の世代である30代前半以降になると、「アップ」という感覚から、「自分らしさ」へと基軸が移っていきます。自己実現や社会貢献への欲求が強く、仕事以外にも自分の時間を大切にして、生活全般を充実させたいと思っています。

こうして見ると、今の40代は、会社に自分の将来をすべて委ねた50代のバブルを経験した世代と、仕事以外にも色々なことに価値を置く若者世代に挟まれた世代だと言えます。

成果主義とは会社都合の「綺麗ごと」だった

もはや自分の将来を会社に委ねられないと感じた今の40代の人たちは、実際にどのような社会人人生を歩んできたのでしょうか。

一部の人たちは、キャリアに対するオーナーシップを持ち、自分の意に添わない異動には異議を唱え、転職を重ねながら自分のキャリアを切り拓いていきました。

しかし、それはほんの一握りです。その他大勢の人たちは、自分のキャリアは自分で切り拓かなければと思いながらも、会社の配属や異動に従うしかなく、会社が規定したキャリアを歩んできたわけです。

しかも、この世代から成果主義が導入されました。これは、従来の年功序列や終身雇用を維持できなくなった会社側が、「これからは昇進・昇格をモチベーションの源にするのではなく、仕事の専門性を高め、成果を上げることで評価を受ける時代だ」と説いて採用したようなものです。

かといって、社員の意に添わない配属や異動がなくなったわけではなく、やりたくない仕事なのに成果で評価されることへの不満からモチベーションは低下していきました。

自分が一生かかって成し遂げる仕事を見つけられず、キャリアへのオーナーシップを持てないまま、ずるずると30代、40代を過ごしてきた人が大半ではないでしょうか。

そして今では、「こんなものだ」と成長することを半ば諦めている。

日本企業の矛盾した人事施策が、こうした「くすぶった」40代を生んだ面があるかもしれません。

上昇志向から脱却し「ライフテーマ」を探そう

ただし、その一方で、自分なりのライフテーマを見つけ、人生を輝かせようとする人たちも現われています。例えば「イクメン」のような生き方は、今の50代にはほとんど見られませんでした。今の40代から生まれたものと言えるでしょう。

自分にとって大事なものは何かを考え、自分なりの幸せの図式を見つけ始めた世代と言えます。

心理学では、人は自分なりのライフテーマを見つけて、それに向き合って成し遂げようとするとき、自律的にいきいきと生きられると言われています。たとえ収入が多くても、高い地位に就いていても、幸せになれるとは限りません。従来の上昇志向のマインドセットを変えて、新たなライフテーマを見つけ、自分なりの心の安定や幸福感を追求する。これこそが、今の40代が幸せに生きるための一つの方法ではないかと思います。

（とよだ・よしひろ）1959年、東京都生まれ。83年、東京大学理学部卒業後、リクルートに入社。就職ジャーナル、リクルートブック、「Ｗｏｒｋｓ」の編集長を経て、現在に至る。20代の就職実態・キャリア観・仕事観、新卒採用・就職、大学時代の経験・学習などの調査研究に携わる。著書に『なぜ若手社員は「指示待ち」を選ぶのか』（ＰＨＰビジネス新書）、『若手社員が育たない。』『就活エリートの迷走』（以上、ちくま新書）、『「上司」不要論。』（東洋経済新報社）などがある。

第4部

40代からは「この能力」を磨こう

――スキル、趣味、健康……

【能力開発】

「三つの軸」を作れば、100万人に一人の人材になれる

30代はリクルートでマネージャーとして活躍し、40歳にして独立。47歳で民間校長として公教育の道に進んだ藤原和博氏。各年代で確実な成果とキャリアを積み上げてきた藤原氏は、30代、40代、50代と、将来を見据えてのキャリア戦略を描き、能力を高めていくことを推奨する。では、それぞれの年代でどんな能力を伸ばせばいいのか。

藤原和博

教育改革実践家

一分野でトップになるのは、金メダル並みの難関

年齢が上がり、社内でのポジションも上がるに従って、必要とされる能力も変わってくる。よく言われるのは、30代はプレイヤーとしての能力を磨き、40代でマネジメント、50代で経営戦略を……といったものだろう。

だが、会社の存続すらも不確かな時代、それは古くなってしまった常識かもしれない。むしろ「会社でのポジションなどとは関係なく、自分の価値を自分で高めていくべきだ」と主張するのは、リクルートを経て、現在は教育界で活躍する藤原和博氏だ。

「これからの時代に生き残れるのは、他の人と替えることができない能力を持った『希少性の高い人材』。どうすればそうした人材になれるかを意識しながら、キャリアを積み重ねることが大事です。

そう言うと、多くの人は『今、自分がやっている仕事を極めよう』と考えます。ただ、それは非常に険しい道。たとえるなら、ある競技でオリンピックの金メダリストを目指すようなものです。すさまじい努力だけでなく、天賦《てんぷ》の才も必要になります。

では、どうするか。私たちのような凡人はむしろ、『複数の軸』で勝負すべきなのです。ただ、まずは『この分野についてなら、他の人よりもできる』という軸を、一つ確立すること。

例えば営業職に就いている人なら、『営業についてなら、今、街を歩いている人の中で、自分は100人に一人の能力を持っている』と自他ともに認められるレベルに到達することを目指すのです。これは、30代前半までに実現しておくのが理想。

マルコム・グラッドウェル氏は『天才! 成功する人々の法則』(講談社)という本の中で、才能を開花させるには1万時間の練習量が必要だと述べています。逆に言えば、どんな凡人でも一つのことに1万時間も取り組めば100人に一人のレベルに到達できるということ。1日6時間取り組めば約5年で1万時間ですから、決して非現実的ではありません。

ある分野で『100人に一人』になったと自覚できるようになったら、もう一つ別に『100人に一人』の分野を作ります。すると、100分の1×100分の1で、1万人に一人の人材になれる。これは30代後半から40代前半にかけてのタイミングがベストでしょう。

そして40代半ば以降でさらに、また別の分野で『100人に一人』を目指します。こうして三つの分野で『100人に一人』になれれば、50代に突入したときには、100万人に一人の希少な人材になっているというわけです。

私の場合は、20代のときにリクルートで営業とプレゼンのスキルを、30代ではマネジメントの技術を、『100人に一人』のレベルまで磨きました。そして47歳のときに公立中学校の校長職に転じ、5年間務めました。

これで『営業&プレゼン』と『リクルート流マネジメント』と『公立学校の校長(ノンプロフィット組織のマネージャー)』という、三つの軸を手に入れることができたわけです。

一つずつの分野では100人に一人のレベルでも、それを三つかけあわせれば、誰でも100万人に一人というきわめて希少性の高い人材になれるのです」

50代以降は、あえて新たな分野への挑戦を

藤原氏は「特に難しいのは、三つ目の軸の見つけ方だ」と語る。

「二つ目の軸までは、『一つ目が人事で、二つ目が財務』というように、会社から与えられた仕事をきっちりとこなしていくことでも確立できます。しかし三つ目の軸については、今の仕事の延長線上で考えないほうがいい。

左の図のように、三つの軸が作る三角形の面積がより大きくなればなるほど、自

できるだけ大きな「三角形」を作って、自分の希少性を高めよう!

1 まず、1万時間（20代の5〜10年）で、「この分野なら100人に1人の優れた能力を持っている」と言える一つ目の軸を作る。

2 次の1万時間（30代の5〜10年）で、二つ目の軸を作る。これで「1万人に1人」になれる。

3 さらにもう1万時間（40〜50代）で、二つの軸からできるだけ遠いところに三つ目の軸を作り、大きな三角形を作る。これで「100万人に1人」になれる。

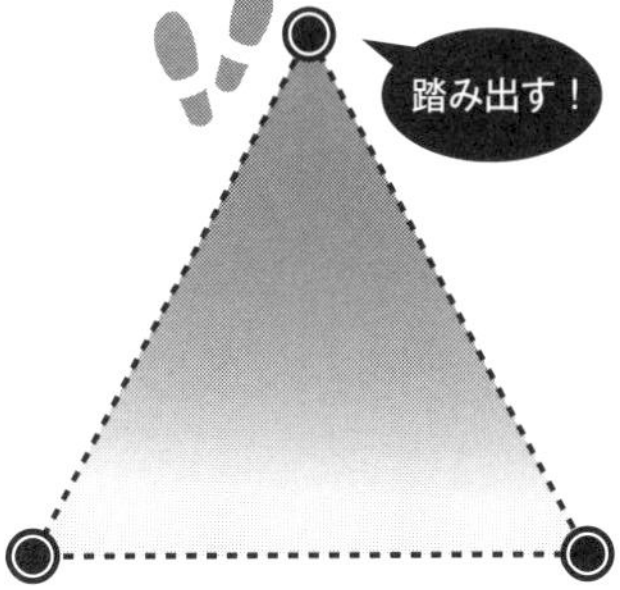

分の希少性は高まります。三つ目の軸が二つの軸と近いところだと、三角形の面積が小さくなり、十分な希少性が生まれないのです。これまでやってきたこととは思いっきりかけ離れたことに挑戦することが大事です。

そのためには、一度会社から離れ、コミュニティでの活動や被災地支援、最貧国の子供たちを支える取組みに参加するなど、会社以外の活動に目を向けるといいでしょう。

そうした活動から、これまで取り組んできたこととは大きく異なる『自分がやりたいこと』や『やるべきこと』が見えてくるものです」

40代で軸がなくても諦めることはない!

読者の中には「自分はもう40代だが、三つ目の軸どころか、二つの軸さえまだ確立できていない」と心配する人もいるかもしれない。そうした人に対して藤原

氏は、「諦めることはない」と話す。

「自分の強みは何か、まずは棚卸《たなおろ》しをやってみましょう。実は気がついていないだけで、ある能力がもう『100人に一人』のレベルになっている可能性も十分あります。

自分の強みが『10人に一人』のレベルに留まっているなら、今からでも『100人に一人』のレベルに引き上げるための努力をすればいいだけ。場合によっては、会社に対して、自分の強みを伸ばせる仕事ができそうな部署への異動願いを出してもいいでしょう。

本気で取り組めば、一つの分野で100人に一人のレベルになるのは5年から10年で可能です。40代からでも意識を切り替えて一つずつ軸を足していけば、50代で100万人に一人の人材になることができます。40代どころか、50代からだって間に合いますよ」

10年後に確実に来る未来は、ＡＩ化と経済の低迷

自分のキャリアを描くに当たって「10年後の日本社会はどうなっているのだろう？　そのとき自分は、今の仕事のやり方や実力で、果たして生き残ることができるのだろうか？」と不安に思う人も多いだろう。未来を具体的に予測するのは難しいが、藤原氏は二つだけ確実に言えることがあるという。

「一つはＡＩ（人工知能）化の進行です。現在、人間がしている仕事の多くの部分を、ＡＩが代替するようになるでしょう。電車は自動運転になって運転士が不要になるし、銀行や官公庁などのホワイトカラーの事務作業も多くをＡＩが担うようになる。どんな仕事も今ほど人手がいらなくなります。

もう一つは、東京オリンピックが開催される２０２０年が日本経済にとってターニングポイントになるだろう、ということです。アテネや北京の例からもわかるように、過剰投資の反動で、オリンピック後の数年間は経済が低迷する傾向にありま

す。

10年後も第一線で活躍しなければならない今の40代以下の人たちは、けっこう厳しい世界を生きなくてはならない。未知のことに挑戦するのは不安でいっぱいになるものですが、現状維持に満足することなく、三つ目の軸を築くための挑戦を果敢にして、自らの希少性を高めていくことが求められているのです」

Kazuhiro Fujihara

（ふじはら・かずひろ）1955年、東京都生まれ。78年、東京大学卒業後、リクルートに入社。東京営業統括部長、新規事業担当部長などを歴任。メディアファクトリーの創業も手がける。93年よりヨーロッパ駐在。96年、同社フェローとなる。2003年より5年間、都内では義務教育初の民間校長として杉並区立和田中学校の校長を務める。08～11年、橋下徹大阪府知事特別顧問。14年から佐賀県武雄市アドバイザー。16年、奈良市立一条高校校長に就任。『藤原先生、これからの働き方について教えてください。』（ディスカヴァー・トゥエンティワン）など、著書多数。

Advice

【読書】

リーダーを目指すなら「座右の書」を見つけ、じっくり読む習慣を

小宮一慶

経営コンサルタント／㈱小宮コンサルタンツ代表

経営コンサルタントとして幅広く活躍する小宮一慶氏は、財務諸表などの専門書だけでなく、『論語』や生き方についての著作もあり、古典や哲学への造詣、幅広い教養で知られている。小宮氏は、「40代のビジネスパーソンは、これまでとは異なる学び方をしなくてはならない」と話す。そして、そのカギを握るのが「読書」だという。40代以降の人生を切り開くための読書とは？

40代に勧めたい「人間観」の勉強とは?

40代になったら、30代とは異なる勉強をする必要がある、と小宮氏は言う。

「30代までは実務能力を磨いていればよかったのですが、40代からは、それに加えて、『リーダーとしての実力』を高めるための教養も必要です」

では、「リーダーとしての実力」とはなんなのだろうか。

「ひと言で言ってしまえば、『人間観』を持つことです。40歳を過ぎると、役職が上がり、部下を持つ人が増えてきますが、人間とは何かを知っていなければ、人を動かすことなどできません。松下幸之助さんも『成功するためには人間観がなければならない』と言っていますが、役職が上がれば上がるほど、その重要性は高まっていきます。

人間観は一朝一夕《いっちょういっせき》では身につきませんから、なるべく早く勉強を始めたほうがいいですよ」

自分にとっての「座右の書」を探そう

人間観を磨き、「リーダーとしての実力」を高めるためには、どんな勉強をすればよいのか。小宮氏が勧めるのは、「人間の生き方について書かれた古典的な名著を読み込むこと」だ。

「具体的に言えば、『論語《ろんご》』や『菜根譚《さいこんたん》』などの中国古典や、日本の名経営者が書いた本です。『聖書』でもいいでしょう。AIの時代に、2500年前に書かれた『論語』なんて時代遅れと言うかもしれませんが、人間にとって普遍的に大切なことはそう変わるものではない。長く読み継がれてきた本には、いつの時代も色あせない真理が書かれています。こうした本を読み込んでいれば、枝葉末節《しようまつせつ》にはとらわれない、人間観が養われることでしょう」

古典的な名著なら、どの本を読んでも構わないという。

「色々読んでみて、自分が『これだな』と思えるものを読めばいいと思います。原典を読むのは難しいというなら、読みくだした本から始めてもいい。例えば、『論語』なら、安岡正篤《やすおかまさひろ》先生の『論語の活学』から始めてもいいでしょう。何か一つ、座右の書となるような本を探してみてください」

何か一つ、座右の書になりそうな本を見つけたら、何度も繰り返し読むことが重要だ。

「人間に関して書かれた古典は、1回や2回読んだところで理解できません。人生経験を重ねて、初めてわかることもあります。だから、生涯を通じて何度も読んだほうが良いのです」

毎晩、寝る前に少しだけ読む習慣を

何回も読むためには、少しずつでも読む習慣をつけるといい。小宮氏は、毎晩寝る前に、必ず『道をひらく』（松下幸之助著）を読んでいるという。

「見開きで完結する内容を二つ、三つ読む程度ですが、習慣になっています。何千日読んだかわかりませんが、いまだに新しい発見があります」

座右の書を読むときは、「遅読」で構わないという。小宮氏自身も、30分で1ページしか読めないこともあるそうだ。

「書かれた内容について考えるので、そこから前に進まないことがあるのです。しかし、読書の目的は、ページを進ませることじゃない。本の内容を自分に当てはめて、行動に活かすことです。むしろページがなかなか進まないときのほうが、自分の糧になっていると思います」

読んで感銘を受けたことは、必ず実践しないと意味がない、と強調する。

「例えば、『人の己《おのれ》を知らざるを患《うれ》えず、人を知らざるを患うなり』という論語の一節を読んだら、相手に理解されないことをグチるより、自分が相手を理解するようにする。そうやって実践しなければ、読んでいないのと変わりません。

もし、実践したうえで人生に良い影響がなければ、本の内容が間違っているのではなく、自分の解釈が間違っていると考えたほうがいい。そうやって考え直すことで、人間観が磨かれていきます」

根本の本を読めば、枝葉末節は必要ない

一方で、引き続き実務能力を高めていく必要もある、と小宮氏。

「管理職になったら、何か部下に指示をするときに、なぜそうしなければいけないのかを、論理的に説明できなければなりません。そうでないと、部下は納得しませんからね」

論理的に説明するためには、ビジネスに関する基本的な理論を勉強することが必要だ。

「例えば、営業職やマーケティング職なら、マーケティングや経営戦略の基本理論を学んだほうがいいし、心理学を勉強するのも良い。取引先の財務状況を見極める

ために、財務諸表の見方を学ぶのも良いでしょう。管理部門に配属されたなら、会社関係の法律を知っておくことも重要ですね」

テキストとして最適なのは、その分野の「基本書」「原典」などといわれている本だ。

「一番根本の本を読んでいれば、枝葉末節な本は不要です。例えば、マーケティングならフィリップ・コトラー、マネジメントだったらピーター・ドラッカー。私も、金融のことがわからないときは、日銀元総裁の白川方明氏の『現代の金融政策』、マクロ経済がわからなければ、ジョセフ・スティグリッツの『入門経済学』を読みます。これらの原典といえる本は難解なので、最初は入門書でもOK。ドラッカーなら、『もしドラ』から入っても構いません。

本はあくまで道具。自分に役立てることができれば、どんな読み方をしても良いと思います」

こうして人間観と実務能力の両方を高めていけば、リーダーとして必要な能力

Kazuyoshi Komiya

が養われる。

「難しいことを学ばなくても、日々生きていくことはできます。しかし、何もしていなければ、40代、50代と年を重ねたときに必ず後悔します。そうならないために、今から学び始めたほうが良いですよ」

（こみや・かずよし）１９５７年、大阪府生まれ。81年、京都大学法学部を卒業後、東京銀行に入行。86年、米国ダートマス大学経営大学院でＭＢＡを取得。帰国後、経営戦略情報システム、Ｍ＆Ａ業務や国際コンサルティングを手がける。93年には、カンボジアＰＫＯに国際選挙監視員として参加。96年、小宮コンサルタンツを設立。『小宮一慶の実践！マーケティング』（日本経済新聞出版社）『伸びる会社、沈む会社の見分け方』（ＰＨＰビジネス新書）など、著書多数。

【趣味】

人生を後悔したくなかったら、忙しい40代こそ遊びなさい

ガムシャラに働けば、いつかは報われる――。しかし、昨今はこの生き方は通用しない。これまで会社のために必死に働いてきたミドル世代こそ、自分の人生を自身でデザインする必要があると指摘するのは、日本マイクロソフト社長として活躍し、45歳で独立後は、「人生は道楽」を信条に活動を続ける成毛眞氏。自分の人生をデザインするためのカギを握る「趣味」についてうかがった。

成毛 眞

HONZ代表

40代で趣味を始めれば、3000時間を費やせる

経験豊富な40代は職場の中心となる存在。毎日、激務に追われている人は多いはずだ。しかし、「毎日仕事ばかりしていたら、将来、必ず行き詰まる」と成毛氏は警鐘を鳴らす。

「仕事人間のまま定年を迎えると、何の肩書きもないまま、世に放り出されることになります。その状態から、何かを一から始めるのは、気力の面でも体力の面でもしんどいもの。そして、何もできることのない自分に気づき、がく然とするのです。１００年生きると言われる時代に、長い余生を何もしないまま過ごすことは不可能。そうならないためにも、40代のうちから、外の世界を切り拓いたほうがいいのです」

成毛氏が勧めるのは、趣味の時間を確保することだ。ただし、アウトプットできるものに限るという。

「趣味を勧める理由は、定年後の楽しみだけではありません。60代、70代になってもお金を稼ぐ手段を作るためです。今後は年金不安もあり、定年後もお金を稼ぐ必要のある人も増えてきます。ならば、好きなことをして働きたいもの。今のうちに趣味を本気でやっておけば、年をとってから、それで収入を得られるようになります」

趣味によっては、驚くほど稼げるものもあるという。

「例えば、プラモデル作りが趣味ならば、作品を高く売ることも可能。1万円程度のキットを丁寧に組み立てて塗装すると数十万円で売れることもある。ガンダムのプラモが100万円近くで落札されたこともあるのです。

今はインターネットを通じてワールドワイドに売れるので、買い手がたくさん見つかるうえに、より高く売れます。アルバイトよりも、よほど稼げるでしょう」

他には、「技術を教える」「コレクションを売る」といったパターンも。

「ただし、いずれにせよお金を稼げる域に達するには、時間がかかります。特別な技術や経験は、時間をかけなければ手に入りませんからね」

目安として、お金が得られるレベルに達するには、3000時間を費やす必要があると成毛氏は言う。

「以前、同時通訳者の鳥飼玖美子氏が『日本人でも、3000時間も英語に触れれば、日常会話はできるようになる』と言っていました。趣味も同じぐらいの時間を費やせば、ものになるでしょう」

3000時間ということは、1日1時間かけても10年弱はかかる計算だ。

「だから、できるだけ早く、40代から始めたほうがいいのです。趣味を通じて、おのずと仲間も増えるし、健康にもなる。あくまで主観ですが、趣味に没頭している人は、みんな元気です。今の生活に潤いを与える意味でも、何か始めることをお勧めします」

始めやすいのは「育てる」か「集める」趣味

もっとも、今、趣味を持っていない人は、何を始めれば良いか、悩んでしまうかもしれない。「稼げる趣味」と考えれば、なおさら悩むだろう。稼げる趣味として、成毛氏が挙げるのは、「何かを育てる」ことだ。

「例えば、会社員時代からメダカの交配をしている知人によれば、珍しいメダカになると、1匹あたり100万円で売れるそうです。さらにすごいのは、サボテンのような多肉植物。交配して珍しいものができると、億単位で売れることもあるそうです。メダカと違い、世界中に買う人がいるので、ケタが違います。

日本古来のものでいえば、盆栽を育てるのも良いでしょう。最近は世界中に盆栽の愛好家がいます」

コレクションも、ビジネスパーソンが始めやすく、高収入が期待できる趣味だ。

「コレクションの良いところは、意外と元手がかからないこと。時間をかけてコツコツ集めれば良いので、お金持ちでなくてもできるのです。例えば、『ブリキのおもちゃ博物館』の館長である北原照久氏も、若い頃から、ブリキのおもちゃを一つずつ買い集めた結果、財を築くことができたそうです。

ライカのレンズ、レコード、時計、ワイン、王冠……。どんなものでも時間をかけて集めれば、家が1軒建つぐらいの財産を築き上げられると思います」

ただ、稼げる見込みが高い趣味だとしても、続かなければ意味はない。

「趣味選びの一番の基準は、好きなことをすること。好きでなければ、3000時間も投じられません。急に好きなことなんて見つかりませんから、まずは色々と試してみましょう。

ただ、好きなことには、集中して時間を投下すること。そうすれば、好きなことだけしてお金を稼ぐ、所ジョージさん的な生き方ができるかもしれませんよ」

人づき合いをやめれば、時間は作れる

だが、忙しい中、毎日1時間を費やすのは簡単ではない。

「趣味の時間を捻出するには、今の働き方や生き方を見直す必要があります。例えば、今の仕事に全力を注ぐのをやめるのも一つの考え方です。

40代にもなれば、ある程度、会社人生の先が見えてくるはず。大して出世が見込めないのに仕事に全力を傾けるのは、時間のムダです。クビにならない程度に手を抜きましょう」

また、「時間がかかることを避ける」という視点も必要だ。

「所ジョージさんは、趣味の時間を確保するため、打ち合わせに時間のかかる仕事や移動時間の長い仕事は避けるそうです。いかに仕事に時間をかけないか、という視点は常に持つべきです」

成毛氏の場合は、余計な人づき合いを一切しないそうだ。

Makoto Naruke

「例えば、マイクロソフトを辞めてからは、元社員にはほとんど会っていません。飲み会も食事の誘いも、結婚式の招待もすべて断っています。元の部下には『成毛さん、冷たいですよね』と言われますけどね（笑）。そうすれば、時間はものすごく空きます。『自分の人生で何が大事か』を考えれば、おのずと時間はできるはずです」

（なるけ・まこと）１９５５年、北海道生まれ。79年、中央大学商学部卒業。82年、アスキーに入社後、アスキー・マイクロソフトに出向。86年、マイクロソフトに入社し、91年に同社代表取締役に就任。２０００年に退職後、投資コンサルティング会社「インスパイア」を設立。他、書評サイト『ＨＯＮＺ』の代表を務める。著書に『定年まで待つな！』（ＰＨＰビジネス新書）など多数。

【転職】

45歳からは、セカンドキャリアとしての転職を考えよう

最近では「40代からの転職」も決して珍しいものではなくなってきている。ただ、多くの人にとっては、そのハードルは非常に高いものに思えるだろう。しかし、転職は「難しくない」というのは、自身も12回の転職をしてきた経済評論家の山崎元氏だ。特にミドル世代が注意するべき転職のポイントを、自身の体験を踏まえつつ、解説してもらった。

山崎 元

経済評論家

転職の最大のリスクは「キャリアの断絶」

新卒で入社した会社で働き続けることが当たり前の日本において、「転職」はリスクを伴うと考える人はまだ多い。しかし、「将来が不確実なのはどこにいても同じ。変化に翻弄されるよりも、快適な働き場所を求めて自分から変化を起こすほうがコントロールしやすい」と話すのは、自身も12回の転職経験を持つ経済評論家の山崎元氏だ。

「例えば、会社の業績不振から解雇されそうな場合、解雇されるまで待たないほうがいい。ズルズルと居残るうちに大規模なリストラが発生し、自分と同じような人材が転職市場にあふれれば、転職が困難になるからです。

中には、自己都合で辞めると退職金が減るという理由で残る人がいますが、それよりも、自分が働きやすい環境に早く移り、将来において稼げる目途を立てるほうが大事。相手の都合に合わせて対応するのではなく、その半歩手前で、自分の意思で転職を考えるべきです。

ただし、転職先が決まる前に会社を辞めてはいけません。早く辞めたいという気持ちを抑え切れないかもしれませんが、たとえギリギリのタイミングでもより良い人がいたら、そちらを選ぶということが転職市場では起こります。最終面接を通ったとしても、もし入社の条件に健康診断があるなら、今の会社に転職の意思を伝えるのは、診断結果を待ち、転職先の会社とサインを交わしてからにするべき。最後のサインを交わすまで安心してはいけないのです」

そう山崎氏が指摘する理由は「キャリアの連続性」だ。

「特にミドル世代にとって、転職先が決まらず無職の期間ができて仕事のキャリアに空白ができることはマイナスが大きい。次の転職の際の年収交渉にも不利になります。

また、キャリアの空白は、転職したとしても起こり得ます。例えば為替ディーラーとしてキャリアを積んできた人が、希望に反して法人営業に配属されれば、為替ディーラーとしてのキャリアの価値が大きく損なわれてしまいます。2年後に再び為替ディーラーの職を見つけようとしても難しいかもしれません」

キャリアの断絶を避けるには、仕事の内容を次の会社と確認しておくことが重要だ。

「採る側も採られる側も、早く決めたい心理から、『細かな内容は入社してから決めればいい』と考えがち。転職における最大のリスクは、新しい仕事が自分の想像とは異なる場合があることと心得、自分が次の会社でどのような権限を持ち、どのような内容の仕事をするのかは、転職を決める前にきちんと確認しておく必要があります」

「人生100年時代」を見据えた転職もあり

山崎氏が最初に転職したのは1985年。ファンドマネジャーを目指すため、

より仕事を覚えられる環境を求めた転職だった。当時を振り返り、「転職に対する社会の評価や社内の反応は、ここ30年余りで大きく変わった」と話す。

「当時は転職をネガティブに捉える傾向があり、『前の会社で何かあったの？』とか、『今度は長く勤められるといいですね』などと同情されたものです。ところが、90年代後半になって転職者が増えると、『転職できるのは能力があり、求められる人材だから』と評価されるようになりました」

最近はミドル世代の転職も広がっていると感じるという。

「例えば証券会社のアナリストやストラテジストなどは、昔は30代後半までしか採用しませんでしたが、今は40代や50代のミドル世代も採用しています。全体的な人材の流動性の高まりに加えて、人材不足もあり、ミドル世代も比較的転職しやすい環境になっています」

もし、転職をしようと考えていなくても、「転職する、しないにかかわらず、ミドル世代は今からセカンドキャリアを考えたほうがいい」と山崎氏は言う。

「今の会社で働き続けるとしても、一般的には60～65歳で定年を迎えるでしょう。しかし、人生100年時代と言われる今、先の人生を考えると、65歳までの稼ぎでは老後資金が不足する家計が多いと推測されます。ですから、75歳くらいまで働き続けられるような環境を自分で用意しなければなりません」

セカンドキャリアに向けた準備は、定年の15年前、つまり45歳頃から始めるのがよいとアドバイスする。

「セカンドキャリアを現在のキャリアの延長線上に築く場合でも、新しい仕事を始める場合でも、『スキル』と『顧客』が必要です。

仮に、経理の仕事をしている人が定年後に税理士事務所を開業したいと思えば、税理士の資格を取得し、開業のための知識を身につけなければなりません。また、独立しても、すぐに顧客がつくわけでもありません。定年後のセカンドキャリアにスムーズに移行するには、長い準備期間が必要なのです」

山崎氏がセカンドキャリアを考え始めたのは、42歳のとき。そして、自分の将

来の働き方を模索するため、12社目の転職先には、働き方が比較的自由で副業が可能な会社を選んだ。

「会社員に片足を置きながら、友人が経営するベンチャー企業の手伝いや、原稿執筆や講演、テレビ出演など色々な仕事に挑戦しました。そうするうちに、経済評論家としてのセカンドキャリアが見えてきたのです。

会社員としての収入は前職よりは下がりましたが、それでも定期的な収入がありながら、副業をするかたちでセカンドキャリアを築くのは、いきなり独立や起業を選ぶよりリスクが少なくて安心です。

もし勤務先で副業を認めてもらうのが難しいとしたら、セカンドキャリアを見据えたステップとして、柔軟な働き方ができる会社に転職するのも一つの方法だと思います」

転職準備はビジネスパーソンの基礎知識

これからのビジネスパーソンは、社会やビジネスの状況が変わることを前提に、将来を考えていかなくてはならない。とはいえ、10年後、20年後の状況を予測することは不可能だ。そんな中で私たちは自分の将来のために、今、何をすべきなのだろうか。

「職業人としての人材価値を高め、常にアップデートしておき、いつでも転職できる準備をしておくことでしょうね。リストラにあってから慌てるようでは、ビジネスパーソンとしてあまりにも不用意です。会社が社員の一生を面倒見てくれないことは明らかですから、社内でのキャリアの見通しや、転職の可能性は常に考えておくことが大切です」

自分に何ができるのかわからないという人は、自分のキャリアの棚卸《たなおろ》しから始めてみよう。

「自分がやってきた仕事の中で、『これならできる』という仕事があるはずです。人材紹介会社に登録して、自分の市場価値をはかってみてもいいでしょう。ビジネスパーソンにとって勤務先の会社は、『自分の仕事』を買ってくれる取引先のようなもの。転職とは、要はその取引先を変更することです。自分の価値をしっかりと見定め、転職も視野に入れて準備しておくことは、今や『ビジネスパーソンの基礎知識』の一つと言えるでしょう」

（やまざき・はじめ）１９５８年、北海道生まれ。81年、東京大学経済学部卒業後、三菱商事に入社。野村投信、住友生命保険、メリルリンチ証券など、12回の転職を経て、マイベンチマーク代表取締役。楽天証券経済研究所客員研究員。『一生、同じ会社で働きますか？』（文響社）、『お金で損しないシンプルな真実』（朝日新聞出版）など著書多数。

Advice

【健康】

10年後、病気にならないため今すぐ習慣を見直そう

40代が必ず意識しなくてはならないことの一つ、それが「健康」だ。30代以前と同じような生活習慣を続けていると、疲労やストレスといった目に見えないダメージが確実に蓄積される。このまま健康上の負債を抱え続ければ、近い将来取り返しのつかない事態に……。ほんの少しの手間で改善できる生活習慣を、自律神経研究の第一人者である小林弘幸氏にうかがった。

小林弘幸

順天堂大学医学部教授

「まだ大丈夫」という人ほど危ない!

体力に自信がある人も、40代を境に急激に衰えを感じる人が増えてくる。

「40代は身体のあちこちが衰えてくる年代です。自律神経の機能低下と腸内環境の不調によって、体力が著しく低下します。また、責任ある立場を任されて、仕事のストレスも溜まりやすくなる。40代が健康の分かれ道と言われるのはそうした理由からでしょう。

そのまま身体を酷使して働き続ければ、自律神経の働きが乱れ、血流が悪くなって免疫力が衰えます。これにより、ガンや脳梗塞《こうそく》などさまざまな病気に罹《かか》りやすくなるのです」

今でこそ健康習慣の大切さを説いている小林氏だが、実は自身も40代の不摂生が祟《たた》り、50代で大病を患《わずら》ったという。

「それまでの私は、365日働き詰め。食事は毎日カップラーメンです。ストレスも相当なもので、日曜の夕方になると憂鬱になる『サザエさん症候群』でした。

ただ、若い頃からスポーツに熱中し、体力には自信があったので、不調が続いても病院には行きませんでした。そんな50代のある日、急性喉頭蓋炎《こうとうがいえん》を発症してしまったのです。当時、4〜5日せきが止まらなかったものの、構わず飛行機に乗り込んだところ、気圧の変化を受けて症状が急激に悪化したのです」

そうした経験から、以下の三つの習慣をぜひ身につけてほしいという。

「一つは、不調が2週間程度続いたら必ず病院に行くこと。身体の不調のサインを見逃してはいけません。

二つ目は、定期的に健康診断を受けること。皆さんも忙しさを言い訳にせず、通院日をあらかじめスケジュールに組み込んでください。信頼できる医師に定期的に診てもらうことで、病を未然に防ぐことができます。

三つ目は、自律神経を整え、副交感神経を優位にする生活を心がけること。イライラして交感神経の働きが常に活発だと、脳梗塞や脳出血、心臓発作を起こすリスクを高めます。

長く医療の現場に携わっていると、昨日まで元気だった人が、今日亡くなったという場面にたびたび出くわします。自分もそうならないとは誰も言えないでしょう。だからこそ、毎日を丁寧に生きることが大切です。未来の自分に対する『投資』だと考え、今から生活習慣を見直しましょう」

小林先生お勧めの「40代からの健康習慣」

●起き抜けには、「コップ1杯の水」を

便を溜め込まず、腸を良い状態に保つためには、朝コップ1杯の水を飲むことが大切だ。胃腸の蠕動《ぜんどう》運動を促し、自然な便意を誘発することができる。

また、水を飲むことで、副交感神経優位な状態から、交感神経優位な状態にスムーズに切り替えることもできる。身体のモードを切り替える「スイッチ」としても

お勧めだ。

●お酒を飲むときは「同量の水」を

深酒すると、体内に分解し切れなかったアルコールが長時間残り続ける。これを分解・解毒するために体内の水分が使われるので、身体は脱水状態になる。すると、血液濃度が高まり、ドロドロとした血液が血管の内皮を傷つける。そうなる前に、お酒と同量の水を飲んでおけば、脱水状態が軽くなり、血管のダメージも防ぐことができる。

●エレベーター、エスカレーターは使わない

交感神経が優位になる日中を活動的に過ごすと、その反動で夜には副交感神経が優位になり、リラックスできる。そのためには、日中の運動量を増やそう。まずはエレベーターやエスカレーターを使わず、階段を使うことから習慣化すべき。激しい運動をしなくても、これだけで運動量は十分増えるはずだ。電車やバスの中で座らないこともお勧め。

●暑くても必ず湯船に

忙しいとシャワーだけで済ませがちだが、疲れているときこそ湯船につかるべき。入浴の一番の目的は、滞《とどこお》った血流を促進し、身体の深部体温を上げて、睡眠の質を高めること。ただ、熱過ぎると交感神経が急激に上がり、血管が収縮して血液がドロドロになるので逆効果。39〜40℃のお湯に15分ほどつかり、湯上がりにはコップ1杯の水を飲もう。

●3行日記を手書きでつける

就寝前に、「今日失敗したこと」「今日一番感動したこと」「明日の目標」を書き出す3行日記をつけよう。コツはノートに手で書くこと。手書きは、心を落ち着かせる効果があるからだ。また、今日を振り返りながら明日への目標も書くことで、余計な不安や心配が減り、心に余裕が生まれるという効果も期待できる。

●積極的に「ため息」をつく

ため息は、心配事や不安を抱えているときにつくネガティブなイメージがある。しかし、実は呼吸が浅くなり、酸素が不足した身体が危険を察知し起こすリカバリー作業。「はぁ〜」とゆっくり息を吐くことで、全身の細胞や臓器に酸素を取り込む準備ができるのだ。その反動で思いっきり酸素を吸い込むことで、リラックスすることができる。

●空を見上げる

常にうつむきがちな人は、気道が圧迫されて、呼吸も浅くなりがち。すると、自律神経のバランスが乱れて余計に気分が落ち込んでしまう。加えて、血流が滞ることで肩や首のこり、腰痛なども誘発する。そこで、たびたび空を見上げてみよう。
そうすることで気道がまっすぐになって酸素の吸収量が増し、副交感神経が優位に働く。

（こばやし・ひろゆき）1960年、埼玉県生まれ。92年、順天堂大学大学院医学研究科修了。ロンドン大学附属英国王立小児病院外科、トリニティ大学附属医学研究センター、アイルランド国立小児病院外科での勤務を経て、順天堂大学小児外科講師・助教授を歴任。自律神経研究の第一人者として、TV出演などメディアでの活躍も著しい。著書は累計200万部超え。近著に『医師が教える1分腸活』（自由国民社）。

40代で必ずやっておくべきこと❾

座右の書を見つけ、
繰り返し読もう。

40代で必ずやっておくべきこと❿

「自分の身体」を
見つめ直そう。

若いうちは「知識を得る読書」が中心だったかもしれないが、40代からは「自分の軸を作る読書」を心がけたい。経営コンサルタントの小宮一慶氏は、「リーダーを目指す人は座右の書を持つべき」と指摘する。そんな価値ある1冊を何度も読み返すことで、その内容が血肉となるのだ。

そして最後に、「健康あっての人生」であることを改めて指摘しておきたい。20代、30代と同じような食事や生活習慣を続けていては、いずれ身体が悲鳴を上げる。働き方についても同じだ。体力任せの仕事では、いずれ限界が来る。

人生100年時代、40代はまだ折り返し地点に過ぎない。心と身体のバランスを整え、人生後半戦を楽しく、有意義なものにしてほしい。

あの名経営者は40代で何をしていたのか

「人生のターニングポイントでもある40代。古今東西の名経営者はその重要な時期をどのように過ごしたのか。」

松下幸之助

◎パナソニック創業者（1894〜1989）

不遇な時代を支えた「茶道」との出合い

22歳にして起業し、30代ですでに2000人以上の従業員を抱える大企業を率いていた松下幸之助。だが本来、経営者として脂の乗った時期であるはずの40代は、太平洋戦争と重なったこともあり、不遇と言える時代だった。

そんな中で特筆すべきは「茶道」との出合いだろう。松下に目をかけてくれていたある経営者から、「そろそろ商売だけでなく、日本文化も知らなければ」と言われたことがきっかけで始めた茶道の奥深さに、松下はすっかり魅了された。以後、自宅や真実真理を探求する道場である「真々庵《しんしんあん》」に茶室を設け、自ら茶を点《た》てるだけでなく、客人たちに茶を振る舞った。松下にとって茶道は単なる趣味を超えた「人間探求の道」であった。茶道の意義について、「ものに動じない心の落ち着きが生まれてくる」とし、忙しい財界人こそこうした心のゆとりを持つべきと説いた。仕事一辺倒になりがちな今の40代にも通じるメッセージである。

Column

本田宗一郎

◎本田技研工業創業者（１９０６〜１９９１）

40歳を過ぎて出会った「生涯のパートナー」

数々の破天荒なエピソードで知られる本田技研工業創業者、本田宗一郎。比類なき天才エンジニアであったが、ホンダがここまで大きくなることができたのは、ある人物のサポートがあったからこそだというのは、衆目の一致するところだ。

その人物こそが藤澤武夫。本田自身が「藤澤は私の分身、私は藤澤の分身」と言うほどの関係であった。

その出会いは本田42歳、藤澤38歳の夏だった。出会った瞬間に二人は意気投合し、藤澤は自らが経営していた製材所を即座にたたみ、ホンダに入社した。出会いからわずか2カ月後のことだった。

以後、二人は手を携えてホンダを世界に冠たる企業に育て上げた。この40代の出会いこそが、本田のターニングポイントになったのだ。

出会いから25年たった１９７３年、社長の本田と副社長の藤澤は同時に退任。会長や相談役にも就かないという鮮やかな引き際だった。

「生涯のパートナー」に出会うのに、40代という年齢は決して遅くない。そのことがわかるエピソードだ。

井深 大

◎ソニー創業者（1908〜1997）

「アメリカさん」に対し日本の底力を見せる

第二次世界大戦終戦直後に盛田昭夫とともにソニーを創業した井深大は、当時38歳。その40代は、戦後の焼け野原から日本が復活する歩みを象徴するものだった。

進駐軍が支配する中、井深は「アメリカさん」に決して屈しなかった。日本初のテープレコーダーを開発した際は、そのテープレコーダーの特許料を払おうとしない米国商社を訴え、和解に持ち込んだ。

さらに、トランジスターを使ったラジオの開発に際しては、米国人が「無理に決まっている」と言っていたのをはねのけ、ついに開発に成功。トランジスターラジオは世界中に広まり、ソニー躍進の第一歩となった。

その後のソニーの活躍はご存じの通りだ。携帯型カセットテーププレイヤー「ウォークマン」を始めとした画期的な製品を次々と生み出し、世界的な知名度を獲得するとともに、「メイド・イン・ジャパン」のブランドを大いに高めた。

日本の技術力を信じ世界と戦った井深の姿は、自信を失った戦後の日本人に大きな勇気を与えた。

安藤百福

◎日清食品創業者（1910〜2007）

「40代からの再挑戦」で世界的な大ヒットを

日清食品創業者にしてチキンラーメン、カップヌードル発明者である安藤百福《ももふく》の人生はまさに、40代からの再チャレンジの見本だ。

戦後、数々の事業を手がけていた安藤だが、47歳のときに理事長をしていた信用組合が破綻。家を残し無一文になる。

そこで思い浮かべたのが、戦後の闇市で人々がおいしそうに麺をすする姿だった。誰でも手軽に食べられるラーメンを作ろうと、自宅の裏庭に研究小屋を建て、ついにチキンラーメンの開発に成功。そのおいしさと手軽さが伝わると一気に人気が爆発し、大ヒット商品となった。

知識ゼロから歴史に残る発明をした安藤。40代からのチャレンジはまったく遅くない。

小倉昌男

◎ヤマト運輸元社長（1924〜2005）

40代での大失敗が50代で花開く要因に

ヤマト運輸元社長の小倉昌男が、業界に革命を起こした「宅急便」事業を始めたのは50代になった直後のこと。その直前の40代は、彼にとって苦難の時期だった。

40代前半は社長である父親の下、経営の危機的状況を改善すべく業務改革に取り組んだ小倉だったが、父親が病気で倒れたことにより、46歳で社長に就任した。

しかしその直後、自らが主導した大口貨物への偏重が裏目に出て、業績はどん底におちいってしまったのだ。

だが、この失敗があったからこそ「小口」への転換を思いつき、50代での宅急便事業につながった。

小倉にとっての40代はまさに「次の時代の飛躍に向けて身をかがめる」準備の時期だったのだ。

佐治敬三

◎サントリー第2代社長（1919〜1999）

一度撤退したビール事業にあえて再チャレンジ

1945年、佐治は父・鳥井信治郎が創業したサントリー（当時・寿屋）に入社。同社は「赤玉ポートワイン」やウイスキーを主力商品として、高度経済成長期に入ると「絶好調で作れば何ぼでも売れる状態」（佐治）になった。

しかし、61年に社長に就任した佐治は、それに安住しなかった。63年、43歳のとき、大手による寡占で競争環境が厳しいビール事業にあえて参入したのだ。しかも、ビール事業は34年に一度撤退している。「（いくらでも売れる状態に慣れれば）会社がやがて傾く。だからビールに再進出した」と佐治は言う。

結果はご存じの通り、サントリーのビールは多くの人に受け入れられている。この佐治の精神が、サントリーを大きくしたと言えよう。

孫 正義

◎ソフトバンク創業者（1957〜）

誰もが驚いた40代での大勝負

現代の日本を代表する経営者が孫正義であることは、多くの人が認めるところだ。そんな彼にとって40代はまさに、「大勝負」の時代だった。

38歳でヤフージャパンを設立した孫は、以後、事業内容を大きく拡大。中でも語り継がれるのが、44歳でブロードバンド事業に参入した際の戦略だ。高価なモデムを無料で配り、世間の度肝を抜いたのだ。

さらに、ドコモとKDDIという二強がひしめく携帯電話業界に殴り込み、掟破りの価格施策でシェアを伸ばした。緻密な計算があってこそとはいえ、一歩間違えれば大怪我は避けられなかっただろう。この「40代の大勝負」に勝つことができたからこそ、現在のソフトバンクがある。

小林一三

◎阪急電鉄創業者（1873～1957）

「憂鬱の時期」を救った宝塚歌劇団

阪急電鉄の創業者として、鉄道の敷設と沿線開発を同時に進めるというビジネスモデルを日本で初めて成功させた「鉄道王」小林一三。その象徴こそが、小林が40歳のときに設立した「宝塚歌劇団」だろう。

沿線の魅力を高める施策の一つとして創設された歌劇団だが、小林の歌劇団への入れ込みようは単なるビジネスの枠を超えていた。自ら何度も足を運び、舞台用作品を書き下ろしたり、歌劇団学校を設立し本格的な教育にも乗り出したくらいなのだ。

実は小林にとって40代は事業拡大の時期であると同時に、ライバルとの戦いや人間関係に追われた「憂鬱の時期」であった。宝塚歌劇団はまさに、小林にとっての「癒し」であった。芸術に造詣が深かった小林の一面がわかる。

五島慶太

◎東急グループ創業者（1882～1959）

剛腕経営者が極限まで追い詰められた

東急グループ創業者である五島慶太は、剛腕で知られる経営者である。

官僚の世界に飽き足らず鉄道業界に飛び込み、「大東急」と呼ばれるほどの鉄道王国を築き上げたことで知られる。

だが、そんな彼が「松の枝がみな首つり用に見えて仕方がなかった」というほどまでに追い込まれた時期がある。それが47歳で迎えた「昭和恐慌」である。

次々に新路線を開通させていた時期だけにその反動も大きく、五島は一転、窮地に立たされることになった。

しかし、そこで五島は自らのビジネスの原点に回帰した。

沿線の土地を無償で提供し学校を誘致するなど、沿線の魅力を着々と高めていくことで、業績を復活させていったのだ。

カーネル・サンダース

◎ケンタッキーフライドチキン創業者（1890〜1980）

「秘伝のレシピ」はこの時期に生み出された

ケンタッキーフライドチキンの生みの親、「カーネル」の愛称で知られるハーランド・デービッド・サンダースは、若い頃、いくつもの職を転々としていた。その後、ガソリンスタンド経営を始めたのは30代後半のこと。その際にスタンドの一角で、「サンダースカフェ」を開業した。

もともと料理が好きだったカーネルはメニュー開発に力を入れ、特にオリジナルのフライドチキンは人気を博した。

しかし、その味に飽き足らなかったカーネルは数年をかけてレシピを改良。40代最後の年である１９３９年に圧力釜を使ったレシピを開発。

これが、今に至るまで長年受け継がれているケンタッキーフライドチキンのレシピとなっている。

カーネルがフライドチキンのフランチャイズビジネスを始めて成功するのは60代になってからだが、そのベースは40代での試行錯誤にあったのだ。

スティーブ・ジョブズ

◎アップル創業者（１９５５〜２０１１）

復活、成功、そして病気 名経営者の波乱の40代

２００５年6月、50歳になったばかりのジョブズがスタンフォード大学で行なったスピーチは「伝説」となった。

「Stay hungry, stay foolish」（ハングリーであれ。愚か者であれ）という言葉で締めくくられた演説はまさに、ジョブズ自身の40代が凝縮されたものだった。

ジョブズが、自分が創業したアップルを追放

されたのは30歳のとき。しかし演説で彼は、それを「幸運だった」と表現した。その挫折があったから、41歳にしてアップルに返り咲いた後、iMacやiPodなど多くのヒット作を連発できたのだ。

しかし、49歳のジョブズをガンが襲う。彼は死と直面し、自分の人生を再度振り返る。そして紡ぎ出された言葉が、「もし今日が人生最後の日だとしたら、今からやろうとしていることをしたいだろうか」。

人生の折り返し地点の40代は、ぜひ心に留めておきたい言葉だ。

【巻末付録】

40代を後悔する人vs.しない人セルフチェック

項目	チェック	区分
30代の頃より残業が減っていない。あるいは増えている	□	A
この3年間、新たに身につけたと言えるようなスキルはない	□	A
最近、周りから注意をされることが少なくなった	□	A
部下や後輩に仕事を任せるより、自分でやったほうが速い	□	A
若い頃と比べ、新事業開発や新規開拓を面倒に思う	□	A
5年以上今と同じ部署(仕事)で、今後も異動の予定はない	□	B
自信を持って履歴書に書ける実績や資格が思いつかない	□	B
転職や退職について具体的に考えたことはない	□	B
やっぱり会社員にとって、「出世」は何よりも重要だと思う	□	B
他社、他業種の友人・知人は数えるほどしかいない	□	B
趣味と言えるようなものがなく、休日は寝てばかりいる	□	C
健康診断の数値は良くないが、具体的な対策はしていない	□	C
食事や飲みに行くのは同じ会社の人とばかりだ	□	C
常にストレスを感じるが、仕方のないことだと思っている	□	C
家族の予定より、仕事の予定を優先してしまう	□	C

40代を後悔する人としない人の違いはどこにあるのか。今までの常識では「良いこと」とされていることが、むしろ後悔の原因にもなり得ることが、多くの識者の話から見えてきた。あなたの「常識」を再確認し、「後悔度」と「後悔タイプ」をチェックしてみよう。

Aが
4つ以上

伸び悩み後悔型

いつまでも「プレイヤー」として働くほうが楽しいかもしれないが、それだけでは早晩、成長は止まってしまう。気力も体力もある若手にフットワークで勝つのは難しいし、日々刻々と変化する業界の最新事情についていくのもなかなか大変なことだ。その結果、10年後には「時代遅れの人」扱いをされてしまうことも。

Bが
4つ以上

キャリア後悔型

目の前の仕事をこなしているうちに時が経ち、いつの間にか定年間際。そんなある日、突然自分の部門が廃止されたり、会社そのものがなくなってしまったら……。これは決してありえない話ではない。そのときに「どこへ行っても食べていける能力」がないと、一瞬で路頭に迷ってしまうことになる。

Cが
4つ以上

定年後に後悔型

仕事はしっかりやり切った。会社でもそれなりのポジションを与えられ、自分でも「いい会社人生だった」と満足して迎えた定年。しかしその直後、自分には何も残っていないことに気づいて愕然とする……。実際、現在の定年世代にはそういう人が少なくない。今から対策をしておかないと、きっと後悔することに。

本書は『ＴＨＥ21』２０１６年３月号、２０１６年10月号、２０１８年１月号を中心に、過去の記事を再編集の上、新規原稿を追加したものです。

記事初出

出口治明氏（2016年10月号）取材・構成：林　加愛　写真撮影：まるやゆういち

出井伸之氏（2016年3月号）取材・構成：杉山直隆　写真撮影：永井　浩

鈴木　喬氏（2016年3月号）取材・構成：塚田有香　写真撮影：永井　浩

坂本　孝氏（2016年10月号）取材・構成：塚田有香　写真撮影：まるやゆういち

松本　晃氏（2019年2月号）

佐々木かをり氏（2016年10月号）取材・構成：林　加愛
写真撮影：まるやゆういち

文野直樹氏（2017年5月号）取材・構成：杉山直隆　写真撮影：まるやゆういち

内永ゆか子氏（2016年3月号）取材・構成：塚田有香　写真撮影：長谷川博一

大久保佳代子氏（2016年3月号）取材・構成：西澤まどか
写真撮影：まるやゆういち

草野　仁氏（2016年10月号）取材・構成：林　加愛　写真撮影：永井　浩

木村　清氏（2017年5月号）

楠木　新氏（2018年1月号）取材・構成：杉山直隆　写真撮影：桂　伸也

柳川範之氏（2016年10月号）取材・構成：川端隆人　写真撮影：長谷川博一

橘・フクシマ・咲江氏（2018年1月号）取材・構成：林　加愛
写真撮影：長谷川博一

柴田励司氏（2018年1月号）取材・構成：塚田有香　写真撮影：名倉朱里

田原総一朗氏（2015年2月号）

豊田義博氏（2018年1月号）取材・構成：前田はるみ

藤原和博氏（2016年10月号）取材・構成：長谷川敦　写真撮影：長谷川博一

小宮一慶氏（2018年7月号）取材・構成：杉山直隆　写真撮影：長谷川博一

成毛　眞氏（2018年1月号）取材・構成：杉山直隆　写真撮影：永井　浩

山崎　元氏（2018年6月号）取材・構成：前田はるみ　写真撮影：長谷川博一

小林弘幸氏（2018年6月号）取材・構成：吉川ゆこ　写真撮影：永井　浩

〈編者紹介〉
月刊『THE21』
忙しい毎日を送るビジネスパーソンに役立つ情報を毎月お届けする月刊誌。仕事やキャリア形成のコツを始め、健康や食事、お金のことなど人生に必要な幅広い知識を、識者へのインタビューを中心に構成。中でも「40代からのキャリア論」は人気のテーマ。毎月10日発売。

装丁：一瀬錠二（Art of NOISE）
本文デザイン：齋藤　稔（株式会社ジーラム）
編集協力：スタジオ・チャックモール

40代で必ずやっておくべき10のこと

2019年10月8日　第1版第1刷発行

編　者　『THE21』編集部
発行者　後藤淳一
発行所　株式会社PHP研究所
東京本部　〒135-8137　江東区豊洲5-6-52
第二制作部ビジネス課　☎03-3520-9619（編集）
普及部　☎03-3520-9630（販売）
京都本部　〒601-8411　京都市南区西九条北ノ内町11
PHP INTERFACE　https://www.php.co.jp/

組　版　朝日メディアインターナショナル株式会社
印刷所　大日本印刷株式会社
製本所　東京美術紙工協業組合

ISBN978-4-569-84391-9